Guy Lagorce est né en 1 *International d'athlétism* *Recordman de France* *service militaire, dont au* *Journalisme :* L'Equipe - France-Soir - TF1 - Paris-Match, *grand reporter, rédacteur en chef. Actuellement : rédacteur en chef et responsable des pages culturelles au* Figaro quotidien. *Nombreux voyages dans le monde entier et surtout en Afrique et en Extrême-Orient (derniers grands reportages :* L'Agonie du Cambodge, La Chine après Mao). *Il est l'auteur de plusieurs romans, notamment* Ne pleure pas, *Grand Prix des maisons de la presse;* Les Héroïques, *nouvelles. Prix Cazes. Prix Goncourt de la nouvelle.* Le Train du soir *a obtenu le Prix des libraires 1984.*

La province française. Paris, l'Algérie, Saïgon, Téhéran, New York... *Le Train du soir* a traversé les jours, les nuits et le monde... Mariages, divorces, excitations du journalisme, violences du sport, folies du cinéma, rêves de la littérature, nuits blanches d'éclats de rire, d'alcool et d'anxiété, guerres... Celle de 39-45 qui marque au fer des enfances jusqu'alors merveilleuses, celles de la décolonisation qui secouent et tétanisent des sensibilités... Que deviendra Monique, la petite juive, qu'ont sauvée Antoine et Julien alors qu'ils étaient enfants ? Que deviendront ces existences, trajectoires — tendues et lumineuses —, balles traçantes dans la nuit ?

Faudra-t-il qu'un jour Julien révèle le vrai visage d'Antoine ? Ou bien, par fidélité à l'amitié, choisira-t-il de mentir en sachant qu'il va payer cher ce mensonge ?

Julien se pose la question qui hante tous ceux qui approchent la cinquantaine : faut-il rester dans « le Train du soir » qui va vers la sagesse et les renoncements ou brûler ce qu'il faut bien se résoudre à appeler « sa vie » dans une interminable fuite en avant ?

Roman à suspense de trois êtres liés jusqu'à la tombe par un secret trop lourd, il est aussi celui d'une génération.

Lagorce nous donne un livre fou, beau. Celui que nous attendions.

GUY LAGORCE

Le Train
du soir

ROMAN

GRASSET

A Anne, si présente.
A mes deux fils, mes petits frères.

Il ne savait pas que cette enfance, à laquelle il disait adieu, nous accompagne jusqu'à la fin.

FRANÇOIS MAURIAC,
Mémoires intérieurs.

On ne saurait dire adieu trop vite à sa jeunesse. Elle s'en va sur la pointe des pieds.

ALEXANDRE VIALATTE,
Dernières nouvelles de l'homme.

I

La douleur se retira d'un seul coup, comme elle était venue. Antoine Maïllebal inspira, puis expira, profondément. Son esprit redevint clair et son désespoir allègre.

Il tendit sa main gauche en auvent sur le front, verrouilla la porte métallique, gravit les dix marches de pierre et s'avança sur la digue masquée par les roseaux et les rubaniers, à travers lesquels éclataient les taches dorées des populages et les premières traînées roses des renouées. La lumière de l'après-midi écrasait le marais.

Un rapace pêcheur planait à faible altitude, porté par le vent du sud. Antoine, chaussé de tennis, marchait un peu voûté, d'un pas long et souple de faucheux, sans faire le moindre bruit. C'était un homme d'environ quarante-cinq ans, très grand, à la carcasse osseuse, aux mains épaisses, aux épaules larges et noueuses, à la chevelure châtain touffue et rebelle. Son visage carré aux arcades sourcilières légèrement proéminentes aurait pu paraître brutal s'il n'avait été aussi pâle. Les traits creux et tirés contrastaient avec l'impression de force que dégageait le corps. L'éclatante réverbération de la lumière étrécissait ses yeux d'un bleu profond. Il portait une chemise blanche et un jean délavé.

Il s'arrêta soudain. La douleur revint et le plia en deux. Depuis une douzaine d'heures, il n'avait rien pu absorber de solide et rejeté tout le liquide qu'il avait bu. Plusieurs spasmes le secouèrent. Il était trempé de sueur, il haletait... Il se massa lentement l'estomac et le ventre. Au bout de deux minutes, les spasmes cessèrent. Il resta un moment immobile pour récupérer, assis dans la poussière, l'œil vague cerné de mauve, le teint gris. Il ôta sa chemise, puis il s'allongea à plat ventre au bord du chemin de la digue, plongea ses mains dans l'eau entre les roseaux et s'aspergea le visage puis le torse, qu'il laissa sécher au soleil. Lorsque sa respiration reprit un rythme normal et son visage un aspect moins torturé, il se releva, enfila sa chemise, vérifia que les lettres qu'il avait placées dans la poche de poitrine n'étaient ni salies ni abîmées puis il se remit en marche.

La digue était longue d'une centaine de mètres et débouchait sur une rangée de saules pleureurs frissonnants sous lesquels il avait garé sa vieille deux-chevaux. A une dizaine de pas des saules, Antoine s'arrêta encore et tendit l'oreille. Entendant un faible clapotis, il écarta les roseaux. Un petit garçon à la chevelure noire et drue était assis parmi les joncs et trempait ses pieds nus dans des nappes d'herbages pâles affleurantes qui dessinaient sur la surface de larges cercles d'argent. L'effort d'attention dans lequel l'enfant semblait absorbé lui donnait un air un peu revêche et borné qui ne paraissait pas lui être naturel.

Antoine, toujours silencieux, arriva dans le dos de l'enfant et lança d'une voix joviale :

« Comment va le roi du marais ? »

Il croyait surprendre le petit garçon, qui ne tourna même pas la tête et continua à agiter lentement ses pieds dans l'eau.

« Je savais que vous étiez là. Je vous ai entendu fermer la porte.

— D'aussi loin ?

— D'aussi loin, oui ! J'ai l'oreille. Et puis, sur l'eau les bruits portent. Surtout les bruits de fer », ajouta-t-il d'un ton docte.

Antoine s'assit à côté de l'enfant, se déchaussa et trempa lui aussi ses pieds dans l'eau parmi les trèfles aux pétales frangés de cils blancs.

« Ça va, Rémy ?

— Vous en avez mis du temps pour arriver ! »

Il n'avait toujours pas regardé Antoine et continuait de fixer ses pieds avec une attention obtuse.

« Je m'étais arrêté pour regarder un triton. »

Rémy se tourna brusquement vers lui. Son teint était mat, son visage lisse, rond, et son regard noir. Sa bouche était très rouge, bonne et franche, avec une lèvre inférieure bien ourlée, la bouche de quelqu'un qui aime vivre.

« Un triton ?

— Un triton, oui ! Pourquoi ? »

Rémy se replongea dans la contemplation de ses pieds :

« Y'a pas de tritons le long de la digue ! dit-il, péremptoire.

— Ça alors ! dit Antoine, feignant d'être offensé

et levant les yeux au ciel, je suis comme qui dirait né dans ce marais et voilà un renifleur de dix ans à peine qui veut tout m'apprendre...

— Je veux rien vous apprendre du tout.

— Non?

— Non! je dis seulement qu'y a pas de tritons à cet endroit-là. Je dis ça, rien d'autre...

— Bien, dit Antoine conciliant; alors peut-être que c'était une petite couleuvre à collier et que j'ai mal vu.

— Peut-être, oui...

— Tu es content comme ça?

— Oui... sauf que ça m'étonnerait qu'une couleuvre chasse par ici! Surtout à cette heure-là. »

Il tendit la main vers un étranglement sur leur gauche où moussait une verdure épaisse :

« A cette heure-là, elles sont plutôt là-bas, les couleuvres, à pister les grenouilles endormies ou les poussins... il insista : — là-bas, à l'ombre... »

Antoine se mit à rire, passa la main dans les cheveux de l'enfant puis il entoura les épaules minces de son bras droit et dit plus bas :

« Au fait, qu'est-ce que tu fiches ici? On n'est pas mercredi!

— On n'est pas mercredi, on est jeudi, mais c'est les vacances.

— Les vacances? Tu veux dire « les grandes vacances »?

— Oui! les grandes vacances.

— Déjà? dit Antoine d'un air triste.

— Déjà? reprit Rémy sur le même ton, puis volubile : Pourquoi vous dites déjà? C'est pas faute de les avoir attendues. On est presque en juillet. »

Ils restèrent un moment silencieux puis Antoine :

« Tu as joliment bien fait de mettre cette casquette, elle te va bien. J'aime beaucoup les casquettes. »

L'enfant le regarda en souriant, il n'avait pas l'air surpris.

« J'ai pas de casquette ! J'ai que mes cheveux...

— Non ! fit Antoine, c'est pas possible ! »

Comme pour vérifier, il frotta doucement la tête de Rémy de sa main gauche :

« C'est vrai, bon sang ! Par moments, je déraille complètement. C'est sans doute parce que je pensais à Léonard.

— Léonard ?

— C'est un garçon que j'ai connu dans le temps. Il avait à peu près ton âge. Je ne sais même pas ce qu'il est devenu ni rien. Figure-toi qu'il était né avec une casquette à la place des cheveux. Une belle casquette à petits carreaux avec un pompon sur le dessus. Elle grandissait en même temps que la tête de Léonard, c'était impeccable. Très chic.

— Ah ! oui ? fit Rémy sans s'émouvoir.

— Oui. Il y avait un seul problème. C'était pour laver la casquette quand elle était tachée et tout ça. Les shampooings ne suffisaient pas et les détachants faisaient mal à Léonard, ça lui flanquait de terribles migraines.

— Et alors ?

— Alors, ses parents ont dû aller à Paris pour rencontrer les médecins spécialistes du cheveu-casquette. Y'en a pas beaucoup, y'en a qu'à Paris et à New York.

— Et qu'est-ce qu'ils ont fait ?

— Ceux de Paris n'ont pas réussi. Léonard et ses parents ont dû partir pour New York. Là, j'ai perdu sa trace, il ne m'a plus écrit.

— Ils ont dû trouver le truc, dit Rémy. Et sûrement que Léonard et ses parents sont restés là-bas pour les traitements et tout ça.

— Sûrement, fit Antoine. C'est dommage ! Je l'aimais beaucoup, Léonard.

— Ah ?

— Oui. Tu vois, c'était le genre d'enfant, lorsqu'il s'asseyait au bord du marais et qu'il trempait ses pieds dans l'eau, si tu arrivais et que tu t'asseyais à côté de lui, il te disait toujours bonjour et même il t'embrassait. Ça oui ! il était... il était d'une politesse... exquise. Il ne faisait jamais la gueule ni rien. Tu peux dire que c'était un chic type. C'est pas lui qui aurait arraché même une seule aile à une mouche ou ce genre de choses, tu vois ?

— Moi, dit Rémy sans relever l'allusion, j'ai appris à fumer.

— Ça, c'est formidable ! dit Antoine. Et qu'est-ce que tu fumes, si ce n'est pas indiscret ?

— J'ai une pipe et dedans je mets du tabac séché ou du tilleul séché, ça dépend.

— Ah ! le tilleul séché c'est une merveille ! fit Antoine, je fumerais ça toute la journée.

— Y'a deux jours, continua Rémy, j'ai vu l'aigle-renard.

— Comment va-t-il ? Ça fait mille ans que je ne l'ai pas vu ; il doit me bouder, faut croire.

— Y va bien ! Encore grandi, grossi...

— Qu'est-ce qu'il avait attrapé quand tu l'as vu ?

— Un... un... comment ça s'appelle déjà?

— Un lièvre-tortue, je parie. Il raffole de ça. S'il pouvait, il se nourrirait exclusivement de lièvre-tortue. Le premier aigle-renard que j'ai vu c'était en 1944. Il n'y en avait pas avant.

— C'est ça, dit Rémy. Un gros lièvre-tortue...

— Il t'a rien dit?

— Rien du tout. Il a fait comme s'il me connaissait pas.

— Ça ne m'étonne pas, dit Antoine. Il a vraiment un sale caractère.

— C'est vrai, approuva Rémy. Il s'améliore pas en prenant de l'âge.

— Tant pis. On n'a qu'à attendre qu'il se calme. On n'a qu'à faire comme si on ne le connaissait pas. Tu verras, c'est lui qui reviendra vers nous.

— Vous croyez?

— J'en suis sûr, c'est toujours comme ça que ça se passe : tu fais attention aux gens; ils t'ignorent. Tu les ignores, ce sont eux qui reviennent vers toi.

— C'est pas juste, dit Rémy.

— C'est comme ça, dit Antoine. On peut en penser ce qu'on veut, mais c'est comme ça. Même avec les aigles-renards. Tu as bien travaillé cette année?

— J'ai travaillé assez sans doute! Je passe dans l'autre classe à la rentrée.

— Tes parents t'envoient en colonie de vacances?

— Ils voulaient, oui, mais moi j'ai pas voulu.

— T'aimes pas ça?

— Non.

— Pourquoi?

13

— L'an passé, ils m'y ont envoyé au bord de l'océan. Ça me plaît pas.

— Pourquoi ?

— L'océan, dit Rémy, c'est que de l'eau qui remue tout le temps, qui lave tout; on n'y voit rien dessous. C'est que de l'eau, c'est rien du tout ! Et puis on peut rien faire on est toujours cent mille à la fois, faut manger à telle heure, dormir à telle heure et tout ! Y'a toujours du bruit, faut chanter — il laissa passer un temps et dit sur un ton définitif : — l'océan et les colonies de vacances c'est une belle connerie !

— L'océan ça fait du bien, dit Antoine. Ça te change d'air et tout ça. »

L'enfant haussa les épaules, l'air écœuré.

« Je sais, c'est ce que disent tout le temps mes parents ! Je m'en fous bien de changer d'air moi, c'est ici que je me plais ! »

Il tourna le visage vers Antoine et demanda sur le ton de la confidence :

« Franchement, quand vous aviez mon âge vous y alliez, vous, en colonie de vacances ? Vous aimiez ça ?

— Quand j'avais ton âge c'était la guerre, mon vieux. C'était plein d'Allemands à Rochecourbe. On pensait pas aux colonies de vacances ni rien ! Remarque, c'était tant mieux parce que je suis comme toi, j'aurais détesté y aller. La vérité c'est qu'on ne pensait qu'à bouffer parce qu'il y avait plus tellement de quoi... On ne pensait qu'à la guerre... Y'avait plus que ça qui comptait... Y'avait plus rien d'autre.

— Y'avait plus d'école non plus ?

— Si, répondit Antoine en riant, on allait toujours à l'école, malheureusement !

— Ah ! fit l'enfant déçu, puis il demanda plein d'espoir : Vous aviez des armes ?

— Non, les Allemands seulement et puis les Français qui se battaient contre eux, les maquis...

— Et pourquoi vous vous battiez pas contre eux, vous ?

— Mais... mais j'avais ton âge, j'avais à peine dix ans.

— Moi, si j'avais un revolver ou un fusil, dit Rémy, je saurais bien m'en servir !

— On ne donne pas d'armes aux enfants.

— Je sais, dit Rémy. Ça aussi c'est une belle connerie ! Parce que quand quelqu'un tire, celui qui est de l'autre côté sait pas l'âge de celui qui a tiré. Ça change rien. Moi, par exemple, je peux tuer un chevreuil aussi bien que mon père... C'est pas l'âge qui compte.

— C'est sûr, dit Antoine. Tu es d'une logique terrible.

— Ah ! fit Rémy.

— C'est vrai ! Mais figure-toi que maintenant les gens pensent comme toi. Il y a eu des guerres où on a donné des armes aux enfants.

— Normal, dit Rémy. Quand on sait tirer, y'a pas d'âge qui tienne.

— La guerre, ce n'est pas que tirer, mon petit vieux.

— Vous l'avez faite la guerre, vous ?

— Oui.

— Où ?

— J'étais en Algérie.

— Vous avez gagné ?

— Heu... non, dit Antoine en souriant, finalement non !...

— Oui ou non ?

— Hein ?

— Je dis oui ou non ? Pourquoi vous hésitez ?

— Comment ça, j'hésite ?

— Oui, vous hésitez, je vous demande si vous
avez gagné ou perdu et vous faites « heu... ».

— Je t'ai dit que j'avais pas gagné.

— Pourquoi y vous ont pas tué ?

— Qui ça !

— Ben... les gens d'Algérie, les Algériens. Pourquoi y vous ont pas tué ou y vous ont pas fait
prisonnier ?

— Parce que... Mais... tu sais que tu es emmerdant ? La guerre c'est pas simplement ceux qui
perdent et ceux qui gagnent, c'est pas si simple.

— Ah ! fit Rémy. Et mon père il y est allé à
cette guerre ?

— Non, il était trop jeune.

— Vous aviez combien de différence ?

— Huit ou neuf ans, je crois.

— Il avait quel âge pendant cette guerre ?

— Seize ans, par là.

— Il était grand alors ? Il aurait pu y aller...

— Dis donc ? c'est une nouvelle manie que tu
as de vouloir envoyer tout le monde au casse-
pipe ? D'abord, pourquoi tu me parles de guerre
tout le temps ?

— C'est vous qui en parlez, c'est pas moi !

— Moi ?

— Ben oui ! Je vous demandais si vous étiez
allé en colonie de vacances, vous me parlez de
guerre.

— C'est vrai, convint Antoine, mais je répondais à ta question... Je veux dire que je ne pouvais pas être allé en colonie de vacances parce que c'était la guerre. Enfin celle d'avant...

— Qu'est-ce que vous faisiez alors ?

— Je venais souvent ici. Mais pas comme toi, tout seul. Nous, on était toute une bande.

— Y'avait qui ? »

Antoine réfléchit un instant.

« Y'avait presque personne que tu connaisses. Ou bien ils ont quitté le pays ou bien ils sont revenus chez eux après la guerre.

— Chez eux ?

— Oui, chez eux. A ce moment-là, beaucoup de gens du Nord, de l'Est, de Paris habitaient à Rochecourbe. Avec eux, le village avait trois fois plus d'habitants qu'aujourd'hui.

— Pourquoi ils étaient venus à Rochecourbe ?

— Pas seulement à Rochecourbe, dans tout le Sud.

— Pourquoi ils étaient pas restés chez eux ? »

Antoine hésita et ne se sentit pas le courage de se lancer dans l'explication de la zone occupée et de la zone non occupée.

« Parce que les Allemands étaient plus nombreux dans le Nord de la France et qu'il y avait encore moins à manger que par ici.

— Alors, vous étiez beaucoup d'enfants ?

— Beaucoup ! Ça, tu l'as dit.

— C'était bien ?

— C'était pas toujours marrant mais des fois oui. Il n'y avait presque plus d'hommes au village, ils étaient prisonniers en Allemagne. Il restait surtout les vieux, les enfants et les femmes bien sûr. Les pères n'étaient pas là pour nous engueuler et les mères avaient autre chose à faire qu'à nous surveiller tout le temps. On était libres. Ça oui !

— Vous faisiez tout ce que vous vouliez ?

— Presque.

— Plein de conneries ?

— Pas mal, oui, dit Antoine.

— Dites-m'en.

— Non, dit Antoine en retirant ses pieds de l'eau. C'est pas la peine que je te raconte ça, tu es assez malin pour les inventer tout seul. »

Il laissa ses pieds sécher au soleil, l'enfant en fit autant.

Antoine regardait l'eau du marais, limpide, qui tiédissait entre les bords brûlants et les rives qui s'élevaient par une pente rapide vers les hautes lignes des forêts de chênes d'où jaillissaient çà et là les arêtes vives des rochers ocre. A l'ouest où le soleil commençait à tomber, la forêt était d'un vert sombre, presque noir tandis qu'à l'est la lumière palpitait dans les branches.

Sur le marais, c'était encore le silence mais un silence sourdement peuplé. On entendait de temps à autre le plongeon d'un martin-pêcheur et tout près la vibration grésillante des ailes des grandes libellules. On sentait partout vibrer une vie retenue.

« Quand vous étiez petit il était à qui, le marais ? demanda Rémy.

— A un vieux. Il s'appelait Lescarpédie. Tu ne l'as pas connu, il est mort avant que tu naisses.

— Il était comme ça quand vous l'avez acheté ?

— Fichtre non ! dit Antoine. Il était tout à fait à

l'abandon, peu à peu il se comblait. C'est ton père qui l'a remis en état. Ça lui a pris du temps, tu sais. Beaucoup de temps. Ton père, tu peux dire qu'il s'y connaît en étangs et en marais. Il n'existe personne qui s'y connaisse aussi bien que lui. Quand il a commencé à s'en occuper c'était une saloperie. Presque plus de faune, presque plus de poissons, ni rien. Un roncier, voilà ce que ça devenait, une saloperie de roncier de sept hectares, mon vieux. Pour du beau travail il a fait du beau travail. »

Rémy hocha la tête et, soudain timide, demanda :

« Et... et la... la maison ? »

Du menton il désignait au bout de la digue un tumulus couvert de joncs, de roseaux, de laîches et de séneçons. De l'endroit où ils se trouvaient il était impossible de deviner que ce monticule, qui émergeait d'un mètre cinquante à peine au-dessus de l'eau, n'était pas un mouvement naturel du sol. C'était en fait une manière d'énorme blockhaus enfoui d'où Antoine, tout à l'heure, était sorti.

« Quoi, la maison ? demanda Antoine d'un ton plus sec.

— Elle... elle existait avant ?

— Ton père ne t'en a jamais parlé ?

— Il n'en parle jamais. Une fois, il m'a dit que ça vous servait à écouter les oiseaux et les animaux et tout ça. Mais il m'en a jamais reparlé. Il m'a dit qu'il était jamais allé dedans.

— C'est vrai, dit Antoine. Ni lui ni personne. C'est mon coin à moi, si tu veux. Chacun a le droit d'avoir un coin à soi, je veux dire un coin secret. Non ?

— Moi aussi, j'en ai un, j'ai une grotte.

— Loin ?

— Assez.

— Je te demande pas où. Moi aussi, j'en avais une quand j'avais ton âge.

— Où ça ?

— Là, dit Antoine en désignant de l'index un point dans la forêt, sous Tral Pech.

— Je la connais ! dit l'enfant triomphalement, j'y suis allé deux ou trois fois.

— Bien sûr, dit Antoine, depuis elle a été ouverte et tout. Mais quand j'avais ton âge, personne ne la connaissait. C'est le chien d'un copain qui l'a trouvée en tombant par une petite faille de rien. Tu le connais d'ailleurs, mon copain, c'est Julien Cazals, il est revenu quelquefois. Un grand type... un type de Paris.

— Je vois pas, dit Rémy.

— Tant pis. Son père, avant, tenait le bureau de poste... puis il a été nommé ailleurs. On n'était que trois à connaître cette grotte. Pendant presque deux ans ça a été notre endroit secret. On y venait souvent. Même la nuit, quelquefois. On avait la trouille mais on venait quand même.

— Qui c'était le troisième ?

— C'était une fille.

— Comment elle s'appelait ?

— Elle s'appelait Monique, Monique Scheer.

— Elle était pas d'ici ?

— Non c'était une réfugiée, une juive.

— Qu'est-ce que c'était une juive ?

— C'était... — Antoine s'en voulut encore une fois d'avoir donné un détail de trop. Ce gosse était d'une attention infernale —, les juifs, c'étaient des réfugiés qui venaient d'encore plus loin que les autres.

— Jamais personne l'a trouvée, votre grotte ?

— Jamais, on l'a gardée secrète jusqu'à la fin de la guerre.

— Pourquoi pas plus longtemps ?

— Parce qu'à la fin de la guerre, Monique est partie en Amérique rejoindre sa famille, alors ça n'avait plus d'importance.

— Mais il restait votre copain quand même ?

— Oui, mais c'était plus pareil.

— Votre maison, dit Rémy, c'est pas *vraiment* comme une grotte, elle est pas *vraiment* secrète.

— Non, dit Antoine, tu as raison, elle est pas *vraiment* secrète — il insista lui aussi sur vraiment —, c'est pourquoi elle est *vraiment* bien fermée. Tu sais que j'aime écouter les oiseaux, tu sais que j'ai des prises de son un peu partout dans le marais, tu les as vues. Voilà c'est tout. C'est *mon* endroit pour écouter les oiseaux. C'est un endroit où j'ai la paix, tu comprends ? »

L'enfant hocha la tête mais il eut soudain un air si triste qu'Antoine en fut ému. Il saisit le menton de Rémy entre le pouce et l'index et le regarda droit dans les yeux en lui disant très doucement :

« Ecoute, Rémy, tu sais que je t'aime bien ! Tu le sais, oui ou non ? »

L'enfant hocha la tête.

« Alors, poursuivit Antoine, je vais faire pour toi ce que je n'ai jamais fait pour personne : demain, je te ferai visiter la maison et on écoutera ensemble tous les oiseaux, et tous les autres animaux aussi. Tu n'imagines pas. On entend tout. Tout... »

Rémy ne broncha pas.

« Mais tu me promets une chose, dit Antoine en s'approchant encore, tu ne le diras jamais à personne !

— Jamais, dit l'enfant, même pas à mon père ou à ma mère.

— Alors, jure ! »

Rémy se dégagea, tendit le bras droit et dit : « Je le jure. »

« Quand on jure, on crache !

— Je sais, mais c'est pas bien poli.

— On n'est pas là pour être poli : jure et crache, sinon ça ne vaut rien. »

Rémy jura de nouveau et cracha un long jet sur les lentilles d'eau, chassant les libellules. On sentait chez lui une longue habitude du crachat à distance.

« Comme ça, ça va ! dit Antoine. Mais je voudrais que tu me rendes un service.

— Quel service ? » demanda Rémy, soudain méfiant.

Antoine se racla la gorge en réfléchissant, hésita quelques secondes, sortit de sa poche un sachet en peau de chamois fermé par un fil d'aluminium et un cachet de cire. C'était à peu près du même volume qu'un paquet de cigarettes. Il le tendit à Rémy.

« Tiens ! »

L'enfant prit le sachet, c'était assez lourd et mou comme si l'intérieur eût été doublé de coton.

« Qu'est-ce que c'est ?

— Voilà, dit Antoine, c'est quelque chose de très personnel. Ces temps-ci, je vais être obligé de partir. Pendant mon absence, Monique Scheer

22

reviendra ici, tu sais, la fille pendant la guerre dans la grotte et tout ça ?

— Oui, dit Rémy.

— Attention ! Elle est devenue grande, maintenant c'est une femme d'environ quarante ans, tu vois ? Mais elle a l'air plus jeune que ça. Tu verras, elle a des cheveux noirs ébouriffés, très jolie, très gentille je trouve... Enfin tu la reconnaîtras. Elle viendra te parler.

— Pourquoi ? demanda Rémy qui tripotait le sachet.

— C'est comme ça, elle viendra te parler. Alors voilà : vous discuterez un bon moment; si tu la trouves gentille, tu lui donneras le petit sac, je crois bien qu'elle te fera un cadeau.

— Quel cadeau ?

— J'en sais rien, dit Antoine en soupirant. Un beau cadeau, certainement. Mais attention : pour que tu lui donnes le petit sac, il faudra qu'elle soit *très* gentille avec toi. »

Il insista : « Vraiment *très très* gentille ».

« Qu'est-ce qu'il faudra qu'elle fasse ?

— Qu'elle ne fasse rien mais qu'elle te parle... j'en sais rien moi, c'est à toi de voir ! Si avec elle tu peux parler... je sais pas... par exemple de Léonard, le garçon aux cheveux-casquette, ou de l'aigle-renard ou d'autres trucs comme ça, alors tu lui donneras le sachet. Sinon, tu le gardes pour toi. Ecoute : si elle est juste capable d'engueuler les enfants ou de leur faire la morale, tu le gardes !

— Et je vous le rendrai quand vous reviendrez ?

— Non ! tu le garderas à jamais. Quoi qu'il arrive ce sera à toi.

— Qu'est-ce qu'il y a dedans?

— C'est ça le secret, dit Antoine. Ce que je peux te dire, c'est que si tu l'ouvres avant d'avoir vu Monique Scheer, tout ce qu'il y a dedans disparaîtra. Hop! comme si ça s'évaporait, mon vieux!

— C'est une blague! fit Rémy.

— Essaie et tu verras! C'est quelque chose qui a été traité chimiquement, scientifiquement et tout. Je ne rigole pas. Si tu l'ouvres avant de le donner à Monique... il ne te restera rien. Rien de rien! Tu me crois?

— Oui, fit Rémy, troublé.

— Bon! dit Antoine. Imaginons maintenant que Monique ne soit pas gentille...

— Ça se peut? demanda Rémy.

— J'espère que non, mais après tout ça se peut. C'est toi qui verras. Bon! Imaginons qu'elle ne soit pas gentille, alors tu gardes le petit sac et tu l'ouvriras, tu sais quand?

— Quand?

— Le jour de tes dix-huit ans. Et ce jour-là, tout ce qui est dedans sera à toi pour toujours. »

Rémy fit sauter trois fois le sachet dans sa main droite.

« Tu te sens capable de faire tout ça sans tricher? » demanda Antoine.

Rémy arrêta de faire sauter le sachet et regarda Antoine.

« Vous voulez que je jure?

— Non. Pas cette fois. Si tu me dis oui, j'ai confiance en toi et on n'en parlera plus jamais.

— D'accord! dit Rémy, mais je vais jurer quand même.

— Comme tu voudras. »

L'enfant se leva, fourra le sachet dans sa poche, jura, cracha, s'assit de nouveau et dit :

« Ce soir, je le mettrai à la ferme dans un coin que personne ne connaît. Un coin introuvable.

— C'est bien, lui dit Antoine, on n'en parle plus. Tu es un type épatant. Finalement, tu es mieux que Léonard. »

Ils restèrent un moment sans parler puis se rechaussèrent; comme ils se mettaient debout, ils virent Gaston, le père de Rémy, déboucher du bosquet de hêtres à trois cents mètres de là. Antoine lui fit signe et il vint vers eux. Il était court, noiraud et se dandinait en marchant. Il serra la main de son patron et commença à tout hasard par engueuler son fils.

« Je t'ai dit cent fois de foutre la paix à monsieur Antoine quand il vient ici. Quand il vient ici c'est pour être tranquille, mille dieux!

— Laisse! dit Antoine c'est moi qui suis venu le chercher. Tu sais bien qu'on est amis.

— C'est que je le connais, dit Gaston, c'est « monsieur Pourquoi », c'est « monsieur Comment », c'est « monsieur Je parle »!

— Il est très gentil. T'en fais pas. Tout va bien?

— Tout va bien, je surveille encore plus depuis que les vacances sont là parce que ces putains de touristes vont arriver et qu'avec eux c'est le bordel! T'as beau mettre des écriteaux partout c'est comme s'ils savaient pas lire. Pour les empêcher de passer, il faudrait une clôture électrique de dix mètres de haut. Et encore je me demande...

— On verra bien.

— Je suis content de te voir parce que j'avais dans la tête de curer le canal. Ça fait bien quatre ans que je l'ai pas fait, ça s'est envasé comme le diable. Et puis c'est farci de perches arc-en-ciel, cette saloperie, ça bouffe tout le reste... Qu'est-ce que tu en penses ?

— Vas-y, répondit Antoine évasif, fais comme tu crois. »

Gaston fut surpris ; d'ordinaire, pour tout ce qui touchait au marais, Antoine était extrêmement pointilleux et s'intéressait aux plus petites choses, à des choses en tout cas beaucoup moins importantes que celle qui consistait à vider et à récurer le canal.

« Tu viendras pas m'aider ? demanda Gaston attentif et sournois, tu as jamais raté une seule fois le curage du canal !

— Je ne suis pas sûr d'être là fin juillet, dit Antoine, je serai peut-être en voyage. Si je ne suis pas là, Rémy me remplacera.

— Oh ! oui, s'écria Rémy, si y'a trop de perches je sais où il faut les mettre, au canal faudrait presque laisser que des...

— Hé ! Hé ! Hé ! l'interrompit son père agacé, arrête un peu ! » Puis il enchaîna en regardant Antoine tandis que son fils baissait la tête : « Je crève de soif, pas toi ?

— Si, dit Antoine, mais alors en vitesse, il faut que j'aille poster des lettres avant que ça ferme, on va prendre ma voiture. »

La deux-chevaux traversa le bouquet de saules, prit à gauche un sentier bordé d'ormes blancs immobiles et splendides puis, pendant cinq minutes, la route s'éleva à travers des chênes et des châtaigniers jusqu'à un petit plateau où se trouvait, solitaire, la ferme de Gaston.

« Ton tabac est joli, fit Antoine.

— Le maïs aussi, répondit Gaston, si on n'a pas de gros orages ou Dieu sait quoi, on fera une belle année. »

Dans la cuisine sombre où criaient les mouches prises aux longs rouleaux de papier-glu, Raymonde, la femme de Gaston, vidait un poulet. Elle s'essuya les mains à son tablier noir parsemé de fleurettes mauves, posa deux verres sur la table et demanda :

« Une bière, monsieur Antoine ?

— Pas pour moi, merci, j'ai mal à l'estomac, juste un verre d'eau, pas d'eau glacée, celle du robinet, ça ira comme ça.

— J'insiste pas ? demanda Raymonde.

— Sans façon », répondit Antoine.

Elle remplit un verre d'eau et le posa sur la table tandis que Gaston décapsulait une bouteille de bière.

« Nom de Dieu ! dit-il en toisant Antoine, c'est bien la première fois que je te vois boire de l'eau ! Un gaillard comme toi !

— Tu vois ! répondit Antoine en se forçant à sourire, quarante-cinq ans passés, ça ne pardonne pas ! Tu verras quand tu les auras. »

Il but très lentement. Lorsque l'eau toucha son estomac, il ressentit une vive douleur.

« Tu n'as pas bonne tête, dit Gaston, tu devrais aller au docteur au lieu d'être tout le temps en voyage.

— Tu as raison, je vais m'en occuper, je me sens mal fichu. Bon ! Je file à la poste. A bientôt. Tu viens avec moi, Rémy ?

— Oui.

« — Laissez-le donc! cria Raymonde, il vous enquiquine tout le temps.

— Allez, dit Antoine, c'est les vacances. Je vous le ramène tout à l'heure. »

Ils reprirent la voiture, quittèrent la ferme, traversèrent le petit plateau et prirent la route en lacets ombragée qui conduisait à Rochecourbe tout en haut de la colline escarpée.

Juste avant la dernière rampe, Antoine se gara rapidement entre deux arbres, ouvrit la portière et vomit dans l'herbe avant d'avoir pu mettre pied à terre.

De vrillantes douleurs lui perforaient l'estomac et les intestins. Il se rappela ce que lui avait dit un mois plus tôt, à Paris, le professeur Fournier : « Vous devez rester ici, monsieur Maïllebal, vous avez encore une petite chance. Sinon, dans moins d'un mois, vous ne pourrez plus rien prendre. »

Il cracha un mucus épais, reprit sa respiration et attendit que son cœur reprît une cadence normale.

Puis il pensa à Rémy, qu'il avait oublié. L'enfant n'avait pas bougé et le regardait, les yeux agrandis par l'angoisse.

« C'est rien! souffla Antoine. C'est rien. J'ai dû manger hier un truc qui m'a fait mal. C'est rien du tout. Attends un peu que je récupère. »

Il se cala la nuque contre le siège et il resta ainsi plusieurs minutes, immobile et silencieux. Rémy ne bougeait pas lui non plus et retenait sa respiration.

On n'entendait plus que les cigales, qui menaient grand vacarme dans les pins. Au bout d'un moment, Antoine remit la voiture en route.

« Ne parle pas de ça, ce n'est pas la peine de faire faire du souci aux gens. Demain, ce sera passé. Et on ira dans la maison écouter les oiseaux. Promis. »

Rémy hocha la tête sans répondre.

Ils entrèrent dans le village par la porte sud. Déjà les touristes étaient partout : sur les remparts, au pied du château; en file indienne ils faisaient la queue pour pénétrer dans le gouffre où, à travers d'immenses cristallisations, les attendait un voyage en barque sur une eau noire et glaciale dans laquelle vivaient, disait-on, des poissons aveugles.

Antoine eut du mal à trouver une place devant la poste. Il gara finalement sa voiture devant la porte cochère des Lauvergnat.

Suivi de Rémy, il entra dans le bureau de poste et expédia quatre lettres recommandées. Il y avait tellement de monde qu'il avait du mal à respirer.

Jeannine, la receveuse, transpirait d'abondance. Antoine et Jeannine avaient été à l'école primaire ensemble. Ils s'aimaient beaucoup. Militante socialiste, elle vivait dans l'attente du grand jour. A deux ans des élections présidentielles, elle se tenait à mi-chemin d'un immense espoir et d'une inquiétude non moins grande. La politique n'intéressait pas Antoine, ce qui le classait impérativement à droite, au moins autant que son état de plus gros marchand de bois du Sud-Ouest. Néanmoins, Jeannine savait qu'il était le plus brave type qu'elle eût connu, qu'il n'avait aucune ambition politique et que la commune n'avait pas à se plaindre de compter parmi les siens un contribuable aussi considérable. Elle savait aussi que les deux scieries qu'il avait ouvertes sur la commune étaient destinées à donner du travail à quelques hommes du pays beaucoup plus qu'à gagner de l'argent. Mais il fallait bien qu'elle tienne son rôle et son rang.

« Eh bé! dit-elle à mi-voix à Antoine tandis qu'il payait, si ça démarre comme ça déjà, ça promet! S'ils me donnent pas de l'aide, je tombe malade, moi. Ils se foutent de nous, ton gouvernement!

— Quand la gauche sera au pouvoir tu auras un bureau quatre fois plus grand et trois adjoints », murmura Rémy.

Elle rit et répondit :

« Oui et on fera payer double les grands capitalistes locaux. A part ça, t'as pas bonne mine.

— J'ai mangé un truc qui m'a fait mal.

— Garde-toi, dit-elle, on t'aime bien quand même. »

Il lui fit un clin d'œil et, toujours suivi de Rémy attentif et silencieux, sortit du bureau de poste.

Alors qu'ils faisaient la queue parmi la file de voitures pour quitter le village par la porte nord, Antoine dit à Rémy :

« Puisqu'on a le temps, j'ai envie de passer par la grotte dont on parlait tout à l'heure, c'est sur le chemin. D'accord?

— Oui, dit Rémy, mais il faut marcher un peu dans les bois, c'est raide, vous pourrez? »

Antoine, qui semblait maintenant très gai, donna une bourrade à l'enfant.

« Non mais! Tu me crois mourant ou quoi? Je te dis que c'est rien, ce que j'ai! Une petite intoxication. Rien du tout. »

Ils prirent la petite route des crêtes qui serpentait entre les pins et les chênes verts. A un kilomètre de Rochecourbe, Antoine engagea la voiture dans un sentier pentu. Cinquante mètres plus loin, le sentier s'arrêtait, mangé par la végétation du sous-bois. Il rangea la voiture à l'ombre d'un haut buisson et ils continuèrent à pied. Ils appuyèrent sur leur droite, là où la pente devenait de plus en plus raide à travers des éboulis calcaires. De petits lézards gris dérangés par leur passage filaient comme des flèches à l'abri des rochers.

« Y'a pas de serpents ? demanda Rémy qui regardait avec beaucoup d'attention où il posait le pied.

— Quelques grosses couleuvres, répondit Antoine, rien d'autre. Pas de vipères. On n'en a jamais vu ici alors que de l'autre côté sur le versant d'Echourgnac, il y en a pas mal.

— Et elles viennent jamais ici ?

— Jamais je te dis ! On n'en a jamais vu.

— C'est vrai que ces saloperies vivent toujours à la même place, dit Rémy comme pour lui-même. C'est pas du bétail qui voyage beaucoup... »

La descente devenait si escarpée qu'ils progressaient maintenant, Antoine ouvrant la marche, le ventre contre la paroi, en se retenant avec les mains et en cherchant du pied des appuis sûrs.

« Te déchire pas, sinon tu te feras engueuler, dit Antoine.

— Je fais attention. De toute façon, je me ferai engueuler, alors...

— Pourquoi ?

— J'en sais rien encore. Mes parents trouvent toujours une raison. Ils aiment bien me crier après, sans doute. Ils sont du genre à toujours engueuler les enfants. Pas seulement moi. Ils voient un enfant et crac! ils l'engueulent. Y'a des gens comme ça...

— On y est », dit Antoine.

Ils venaient d'atteindre un replat qui formait une plate-forme de cinq mètres sur deux au milieu de laquelle s'agrippait un très gros chêne vert.

A l'extrémité de la plate-forme, un vide de dix mètres sur la forêt qui moutonnait plus bas. Derrière le chêne, contre la paroi verticale, s'ouvrait une caverne dont l'entrée mesurait un mètre de haut sur cinquante centimètres de large.

« Tu vois, dit Antoine, cette entrée a été ouverte seulement après la guerre. Quand nous avons découvert la grotte, il fallait passer entre deux racines du chêne! — il désigna l'endroit de la pointe du pied —, c'était là, exactement là.

— On voit plus rien, dit Rémy.

— Non! quand ils ont ouvert l'entrée, ils ont réempierré, et même cimenté entre les racines pour que les chiens ou les gosses, ou je ne sais quoi, ne tombent pas dans le trou.

— Il était grand?

— Hein?

— Le trou? Il était grand?

— Non! petit. Un chien ou un renard y passait facilement mais même pour un enfant, c'était juste. On n'aurait pas pensé du tout que ça pouvait être l'entrée d'une belle grotte comme ça. Pendant trois, quatre mètres, c'était juste un boyau étroit et puis paf! d'un seul coup ça devenait très grand. »

Ils entrèrent dans la caverne de calcaire, qui

était vaste, belle et fraîche, d'une fraîcheur sèche et douce. Çà et là, dans la grande salle, on trouvait des vestiges de feux; beaucoup de prénoms étaient gravés au couteau ou au silex sur les parois tendres.

« C'est là que vous vous teniez avec l'autre et Monique ? demanda Rémy.

— Non. Ça, dans le temps, c'était, comment te dire... c'était le premier étage si tu veux, ou plutôt le grenier puisqu'on entrait par en dessous. On y venait rarement. En bas, c'était mieux. Il y avait plein d'autres salles, on passait de l'une à l'autre en rampant par des passages étroits.

— On peut passer par là ? dit Rémy en désignant une ouverture au fond de la salle.

— Oui, tu descends par là et tu retrouves les autres salles.

— On y va ? Moi, je suis jamais resté qu'ici. Le reste je connais pas.

— Non, on ira un autre jour si tu veux. Il faut presque toute une journée pour tout visiter. On apportera des lampes et de quoi boire et manger.

— Ma grotte à moi, dit Rémy, elle est plus petite mais elle est drôlement bien cachée.

— Tu me la feras voir ? »

Rémy hésita un instant. Il traçait un cercle dans la poussière de la pointe du pied. Puis il releva la tête et dit :

« A vous, oui. Je vous la ferai voir quand on aura visité la maison du marais et puis ici.

— C'est chic de ta part, dit Antoine en lui serrant la main.

— Vous me jurez que vous ne le direz à personne, vous non plus ?

— Je jure ! dit Antoine.

— Parce que, expliqua Rémy très sérieux, je veux avoir un endroit pour moi tout seul. J'sais pas, si un jour j'avais des ennuis ou quelque chose, c'est là que j'irais, vous comprenez ?

— Je comprends, oui.

— Puisque je vais vous la faire voir, je peux même vous dire que j'y ai de quoi manger, m'éclairer et tout. Même une couverture. Du chocolat, du sucre, deux saucissons, des boîtes de pâté... J'ai volé tout ça peu à peu. Des fois j'y vais tout seul. Je mange un peu, je m'allonge... Je suis bien.

— Nous aussi, dit Antoine, on avait des trucs qu'on avait volés, mais pas tout ce que tu dis, y'en avait pas pendant la guerre. On avait quelques bougies, des allumettes, on faisait cuire des pommes de terre sous la cendre et des châtaignes.

— Mais ça faisait de la fumée, on pouvait vous voir...

— Il ne passait jamais personne ici. Y'avait même pas le chemin où j'ai garé la voiture. Quand même on a pensé comme toi. Surtout quand les Allemands sont arrivés. Là mon vieux, je te jure qu'on n'a plus jamais fait de feu pendant tout ce temps-là. Mais on s'en fichait, c'était le printemps et l'été, on mangeait des fruits.

— Ça tombait bien.

— Qui c'est ton meilleur copain à l'école ? demanda Antoine sans transition.

— C'est pas un copain, c'est une copine, c'est Marie Carrier », répondit Rémy.

Il répondait toujours instantanément. Les soubresauts de la conversation ne le désarmaient ni même ne l'étonnaient jamais.

« Tu l'aimes ?

— Oui, mais y'a un truc qui m'embête, quand on est dans les rangs ou en promenade, elle veut toujours me tenir par la main et sa main est toujours humide ou poisseuse, vous voyez ?

— Tu parles si je vois ! C'est très emmerdant. Qu'est-ce que tu vas faire ?

— J'sais pas, dit Rémy, j'ai toutes les vacances pour réfléchir. »

Ils restèrent un long moment sans rien dire. Le silence était total. C'est Rémy qui le rompit.

« D'ici c'est facile d'aller chez moi à travers bois et d'aller au grand marais aussi.

— Exact, dit Antoine en riant. C'est très central, très pratique. D'ici, à pied, tu es à un quart d'heure de Rochecourbe, à un quart d'heure de chez toi et à moins de dix minutes du grand marais.

— C'est l'embêtement avec la mienne, dit gravement Rémy, elle est un peu loin de tout.

— On verra ça, dit Antoine. Je te ramène chez toi, j'ai des choses à faire. »

Ils remontèrent la pente. Cette fois Rémy grimpait devant, Antoine le perdit bientôt de vue. Lorsqu'il arriva à la deux-chevaux, l'enfant était assis dans l'herbe.

« J'ai eu le temps de compter jusqu'à 400 depuis que je suis là. Vous n'avez pas fait vite.

— Ça prouve que je suis un vieux », dit Antoine en s'installant au volant.

Il transpirait.

Rémy le regarda longuement avant de répondre :

« Vous n'êtes pas vieux, vous êtes malade, c'est pas pareil. C'est tous les voyages que vous faites à Paris, en France et partout dans le monde pour acheter et pour vendre votre bois. Ça vous esquinte à la fin — il laissa passer un temps et enchaîna : — c'est vrai que vous allez même en Arabie ?

— C'est vrai, oui. En Arabie Saoudite.

— C'est comment ?

— Oh ! là ! là ! je t'expliquerai. C'est toute une histoire.

— Et vous leur achetez quoi, aux Arabes ?

— Je leur achète rien. Je leur vends. Tu vois — il désigna un noyer au bord de la route —, je leur vends ça.

— Des noyers ? Ils ont même pas de noyers ?

— Ils ont autre chose mais je ne leur vends pas des noyers comme ça ; dans le bois des noyers je fais faire des crosses de fusil. Des crosses de luxe, les plus belles du monde. Ils adorent ça. »

Rémy passa de l'étonnement à la réflexion et dit :

« Peut-être qu'ils croient que le noyer c'est rare, qu'y en a presque pas. Ils sont couillons, s'ils venaient ici et qu'ils voient tout ce qu'on a, peut-être qu'ils les voudraient plus en noyer, leurs crosses.

— Si, si ! dit Antoine, qu'est-ce que tu crois ? Certains sont venus ici visiter et tout. Et mes crosses, ils en veulent quand même !

— Chez moi, dit Rémy, la table de la cuisine, elle est en noyer. Et même le buffet, alors !

— Et alors ? demanda Antoine, qu'est-ce que ça prouve ?

— Alors rien. Ça prouve que c'est des drôles de gens.

— Pourquoi tu dis ça ? Figure-toi que les Américains aussi m'achètent des crosses. Et même d'autres pays.

— Eh bé ! dit l'enfant.

— Eh bé quoi ?

— Rien... J'aurais jamais cru que les noyers, c'était si important. Moi, j'aime mieux les aulnes. C'est bien plus beau, je trouve.

— Du moment que c'est un arbre du marais, tu préfères n'importe lequel au noyer, non ?

— C'est vrai, dit Rémy en riant. — Puis sérieux : — Si vous voulez, quand je serai grand et tout, je prendrai la suite de mon père au grand marais. Je suis sûr que je saurai le faire aussi bien que lui. Même peut-être mieux.

— Si tu veux, dit Antoine, mais peut-être tu préféreras faire autre chose. Il faut que tu apprennes, que tu voyages, tout ça...

— Je crois pas, dit l'enfant. Moi, c'est dans le marais que je me plais. »

Antoine n'insista pas et demanda :

« Tu sais que les rameaux des aulnes protègent des sorcières ?

— Quoi ?

— Tu m'as très bien entendu.

— Qui c'est qui dit ça ?

— C'est une légende allemande. »

Rémy haussa les épaules :

« Ça veut rien dire du tout. D'abord, les sorcières, ça n'existe pas.

— Qu'est-ce que tu en sais ?

— J'en ai jamais vu. Mon père non plus, ma mère non plus, vous non plus, je parie. Personne n'en a jamais vu.

— Et alors ?

— Alors rien. Quand on voit jamais un truc, c'est que ça n'existe pas.

— C'est ce que tu crois !

— C'est la vérité !

— C'est ce que tu crois ! » répéta Antoine.

Rémy le regarda du coin de l'œil. Il pensait qu'Antoine cherchait seulement à l'inquiéter mais il n'en était pas tout à fait sûr.

« Sans rire ! demanda-t-il, vous croyez que ça peut exister, une sorcière ?

— Peut-être bien oui !

— Vous voulez dire, ces vieilles femmes bossues, tordues, qui font du mal et tout ?

— Peut-être bien oui. » Et soudain Antoine cria : « Nom de Dieu ! Justement je viens d'en voir une là ! Qui a filé derrière le hêtre, regarde ! Regarde ! »

L'enfant se jeta contre le pare-brise, les yeux écarquillés, puis il dit, se tournant vers Antoine :

« J'ai rien vu.

— C'est pas parce que tu ne l'as pas vu que ça n'existe pas.

— Si !

— Comme tu voudras. Mais à ta place demain je cueillerais un rameau d'aulne. Parce que des sorcières, tu peux rester des années sans en voir et puis quand ça commence, elles ne te lâchent plus. Tu ne vois plus que ça.

— Tout ça, dit Rémy, c'est des histoires pour les gosses. Voilà ce que c'est. Moi, j'ai plus l'âge.

— D'accord, dit Antoine. Je voulais t'avoir et c'est toi qui m'as eu. La seule chose qui existe, c'est l'aigle-renard.

— Voilà ! » dit Rémy en souriant.

Ils arrivaient à la ferme. La voiture entra dans la cour. Antoine embrassa l'enfant en murmurant :

« Demain, onze heures du matin, au même endroit qu'aujourd'hui.

— Merci », dit Rémy.

Comme la voiture allait franchir le portail, il courut et dit en se penchant par la vitre ouverte :

« Merci... et faites attention aux sorcières en rentrant. » Puis plus bas : « Pour le sachet... vous pouvez être tranquille. »

Antoine sourit, fit un clin d'œil à l'enfant et la deux-chevaux disparut dans le virage.

Sur le perron, Gaston et Raymonde regardaient leur fils monter les escaliers.

« Où c'est que vous êtes allés tout ce temps ? demanda Gaston.

— A la poste, dit Rémy puis, après, il m'a fait voir la grotte qu'il avait quand il était petit pendant la guerre. Tu sais, derrière Tral Pech.

— Ah ! la fameuse grotte ! dit Raymonde. Et qu'est-ce qu'il t'a dit ?

— Rien. Qu'ils y allaient avec un copain et une copine. Lui je sais plus son nom, il est à Paris maintenant.

— C'est Julien Cazals, dit Gaston à sa femme.

— Oui, dit Rémy, tu le connais ?

— Comme ça... je l'ai vu.

— Et elle, c'est Monique... je sais plus comment.

— Monique Schir ou Scher, un nom comme ça.

— C'est ça, dit Rémy; tu la connais, elle?

— Non! Enfin oui! Je l'ai vue une fois il y a longtemps... C'était une femme déjà, c'était en 1962 ou 1963 je crois, elle était revenue avec un ami, un Américain; moi j'étais jeune. Oui un Américain, le pauvre il s'est noyé cet hiver-là dans le grand marais pendant qu'il chassait le canard avec monsieur Antoine et Julien Cazals. Il s'appelait, je sais plus... je retiens pas les noms étrangers.

— Ah? fit Rémy, il s'est noyé?

— Vous avez parlé de ces vieilles histoires avec monsieur Antoine? demanda Raymonde, agacée.

— Non, dit Rémy; il m'expliquait juste comment ils avaient trouvé cette grotte.

— Bon! dit-elle à son fils. C'est pas tout de parler. Tu vas aller me rentrer les oies et tu me ramèneras du vin en revenant. »

Rémy descendit les marches en courant.

Lorsqu'il eut disparu, Raymonde dit à son mari :

« Tu le trouves pas bizarre, Antoine, en ce moment?

— Pourquoi? Il t'a dit quelque chose qui t'a pas plu?

— Non pas! fit Raymonde, il est toujours aussi brave mais je sais pas... il a pas l'air... normal. Il a l'air... malade.

— C'est vrai, dit Gaston, il a toujours sa carcasse mais il a pas bonne mine.

— Même, je sais pas pour la carcasse, reprit Raymonde. Je trouve qu'il a maigri.

— Il a toujours été sec, dit Gaston, même quand il jouait au rugby.

— Pas comme ça! insista Raymonde, pas comme ça! Il a l'air... comment dire... comme endormi.

— Bon! coupa Gaston, on ne va pas en faire une messe! Nous aussi on est fatigués, des fois. Et lui s'il est fatigué, avec le pognon qu'il a, il peut se payer les plus grands· médecins. Nous pas. »

Il tourna le dos et sortit.

Raymonde regarda son mari descendre les marches. Elle se disait qu'il n'était pas mauvais homme mais que son défaut, c'était d'être un envieux. Et quand on est envieux, il n'y a pas moyen d'être vraiment heureux un jour.

*

Antoine habitait une grande maison du XVIᵉ siècle au centre de Rochecourbe avec une belle cour intérieure tapissée de vigne vierge. Des pigeons-paons blancs voletaient d'une fenêtre à l'autre. Chacune était couronnée d'une coquille Saint-Jacques à demi rongée par le temps, que l'on attribuait aux pèlerins de Compostelle auxquels la maison avait servi de relais.

A travers les petits carreaux, Antoine vit sa mère et Jeanne, la bonne, s'affairer à une obscure préparation. Elles filtraient à travers un linge de fil blanc une sorte de bouillie rouge vif très liquide, qu'elles retiraient à la louche d'un chaudron de cuivre. Jean sourit, c'était la manie de sa mère que de fabriquer des liqueurs à toute époque de l'année avec tous les fruits ou toutes les baies qu'elle pouvait trouver. C'était toujours à la fois trop sirupeux et trop parfumé. Antoine pensa qu'il devait y avoir une bonne centaine de bouteilles en réserve et que personne ne les boirait jamais. Il monta au premier étage, dans sa chambre, ouvrit la fenêtre et dit :

« Maman, je ne dînerai pas là, ce soir, je dois aller à Bordeaux, je reviendrai demain matin. »

Sa mère leva le visage vers lui. Ils se ressemblaient d'une manière frappante.

« Avant-hier, tu étais à Paris, tu n'en finiras donc jamais ?

— Mais si ! Je vais me reposer un peu.

— Tu devrais. Je n'aime pas ta tête en ce moment.

— Je ne l'aime pas tellement moi non plus, dit-il en riant.

— C'est ça, ris, ris et un de ces jours tu seras malade pour de bon. Tu n'es pas sérieux.

— Béatrice n'est pas là ?

— Elle va revenir, elle est allée acheter du sucre.

— Merci. »

Il ferma la fenêtre et se déshabilla entièrement; ses muscles durs et secs couraient à fleur de peau. Il entra dans la salle de bain en sifflotant et se fit couler un bain chaud. Il ne s'y était pas installé depuis deux minutes qu'on frappa à sa porte. Béatrice entra.

C'était une longue plante, blonde et blanche, à la minceur androgyne. Le front était étroit, le nez mince et le regard fixe, dur; des yeux étranges : autour d'une grande pupille noire, l'iris d'un bleu très clair allait s'assombrissant jusqu'au violet au bord de la cornée. Elle portait des chaussures à talons hauts, en cuir tressé, un pantalon blanc qui se resserrait aux chevilles et un chemisier bleu à manches courtes. Elle s'assit sur une fesse au coin du lavabo, alluma une cigarette et dit d'une voix plate :

« Tu as une tête à faire peur. Tu es malade, j'en suis certaine, tu devrais te soigner.

— Je vais très bien.

— Comme tu voudras.

— C'est ça. Je viens de passer deux heures avec Rémy, tu sais, le fils de Gaston. C'est un gosse *étonnant*.

— Tu trouves tous les gosses « *étonnants* », dit-elle.

— Peut-être bien. En fait, ils sont étonnants. Ils savent tout sur les cheveux-casquette, sur les aigles-renards et sur des tas de choses. C'est fou...

— Pardon ? fit Béatrice.

— Rien, dit Antoine.

— Ta mère m'apprend que tu pars, enchaîna-t-elle.

— Oui, pour Bordeaux. Un problème avec Manière, l'armateur.

— Tu ne m'invites pas ?

— Tu plaisantes ! je reviens demain matin. Manière et moi, on règle l'affaire dans la soirée, c'est tout. »

Elle secoua sa cendre dans le lavabo, expira un jet de fumée par les narines, ôta du bout de l'ongle un minuscule bout de tabac collé à sa langue et dit comme s'il s'agissait d'une banalité quotidienne :

« Je n'aime pas *du tout* la vie que tu me fais mener.

— Je sais, répondit-il.

— Depuis un bon moment, je me demande toujours pourquoi tu m'as épousée.

— Moi aussi », dit-il sans se démonter.

Elle haussa les épaules non pas de colère mais de lassitude. On sentait que leur dialogue n'était pas neuf.

« Tu vois, dit-elle, j'en suis arrivée à penser que c'est une chance que je ne puisse pas avoir d'enfants. Si nous en avions eu un ensemble, tu aurais été fou de l'enfant — tu es fou de tous les enfants — et je ne t'aurais jamais réellement connu au fond.

— Ne dis pas n'importe quoi ! Tu ne connaîtras jamais personne, tu t'intéresses beaucoup trop à toi pour ça.

— Je peux te retourner le compliment. Tu n'aimeras jamais personne, tu n'as jamais aimé.

— Si, dit Antoine d'un ton las ! Oh ! que si ! J'ai aimé comme tu n'as même pas idée que l'on puisse aimer. Tu le sais bien.

— Tu te fais plaisir en repensant à cette histoire d'enfance. Tu te donnes le beau rôle, tu brodes. Une simple histoire de gosse et voilà ta vie sentimentale remplie ! Mon pauvre Antoine !

— Tu ne comprends pas. Tu ne peux pas comprendre ce qui s'est passé, Béatrice. Et ne m'appelle pas mon pauvre Antoine, je ne suis pas à plaindre. Au contraire. »

Elle éteignit sa cigarette en faisant couler de l'eau froide, la jeta dans la poubelle et dit :

« Ecoute, il faut que nous fassions quelque chose.

— Fais ce que tu veux, je te l'ai déjà dit.

— Je sais, mais on pourrait divorcer à l'amiable.

— Ecoute, Béa! je te l'ai dit cent fois. C'est parce qu'il n'y a que l'argent qui t'intéresse que je t'en laisserai le minimum. Je ne suis pas radin, tu le sais bien, mais ton avidité me dégoûte. Si tu veux partir, pars!

— Je sais, sans rien.

— Ne dramatise pas, tu auras toujours de quoi payer ton loyer. Il ne te restera plus qu'à travailler. Ou bien trouver un autre mari. C'est ce que tu feras. Tu as le temps, regarde-toi, tu as trente-cinq ans, tu ne les fais pas, tu es superbe, vraiment superbe... Je ne t'ai pas abîmée, reconnais...

— Ça t'apporte quoi d'être vulgaire?

— Allons! nous n'avons pas la même définition de la vulgarité. Même là-dessus nous ne sommes pas d'accord.

— Ne commençons pas, Antoine. S'il te plaît! Quand tu reviendras de Bordeaux, tâchons de discuter sérieusement une dernière fois.

— C'est ça! dit-il, c'est ça, quand je reviendrai de Bordeaux. Maintenant, laisse-moi finir ma toilette; il faut que dans un quart d'heure je sois parti. »

Elle sortit de la salle de bain sans lui jeter un regard. Il se sécha en sifflotant de nouveau. La conversation ne lui avait pas laissé la moindre écharde sous la peau. Dix minutes après, il bouclait son sac de voyage, qu'il jeta sur la banquette arrière d'une Porsche noire. Il embrassa sa mère, qui lui recommanda d'être prudent, sauta dans la voiture et se mit à rouler très vite vers le couchant.

Il était huit heures trente lorsqu'il arriva à Bordeaux, où il prit une chambre dans un grand hôtel du centre. Il s'assit au bureau et rédigea une lettre en cinq minutes, puis une autre, qui lui prit un peu plus de temps. Il les mit dans deux enveloppes, écrivit les adresses, cacheta les lettres et les laissa non timbrées sur le bureau.

Soudain, il eut très faim. Il se précipita au restaurant de l'hôtel, commanda des côtes d'agneau avec des haricots verts et une bouteille de médoc. Il engloutit son repas et but la bouteille. Il ne ressentait pas la moindre douleur, ni au ventre ni à l'estomac.

Alors, il commanda un vieux cognac et un cigare. Mais dès qu'il voulut boire son cognac, les douleurs se réveillèrent. Il fit signe au maître d'hôtel, lui donna le numéro de sa chambre, écrasa son cigare et traversa le hall.

Il y avait la queue devant l'ascenseur. Il attendit. Brusquement, il s'adressa à haute voix à un gros type qui attendait lui aussi :

« Pourquoi vous me regardez comme ça ?

— Pardon ? fit l'autre, stupéfait.

— Je dis : pourquoi vous me regardez comme çà ?

— Mais... mais je ne vous regarde pas !

— Si, vous me regardez. C'est d'ailleurs votre droit le plus strict, mais moi j'ai le droit à mon tour de vous demander pourquoi vous me regardez. Madame ? demanda-t-il à une jeune femme qui tenait un homme par la main, vous êtes témoin que ce monsieur ne cesse de me dévisager !

— Mais... mais... dit la jeune femme interloquée.

— Qu'est-ce qui se passe ? demanda l'homme.

— Vous, je ne vous demande rien ! » cria Antoine. — Puis il les toisa et laissa tomber plus bas : « Vous êtes tous de beaux hypocrites. Puisque c'est comme ça, je ne prendrai pas l'ascenseur avec vous. »

Il leur tourna le dos et monta l'escalier.

Du majeur tendu, le gros type se vrillait le front. Antoine se retourna brusquement et lui dit en fronçant les sourcils et en agitant l'index :

« Attention... »

Le gros type retira le doigt de son front comme un gosse pris en faute. Antoine, cette fois, disparut dans l'escalier.

Dans le couloir, les douleurs se firent très dures. Il ne voulait pas vomir. Il entra en vitesse dans sa chambre, prit les deux lettres, les posa sur la table de nuit, fouilla dans son sac de voyage et en sortit un Walther P 38 de calibre 9 mm. Il fit jouer la culasse d'un air absent et arma le pistolet. Ensuite, il s'allongea au milieu du lit, ferma les yeux, ajusta l'arme et se tira une balle dans la tempe.

II

JULIEN CAZALS jeta un coup d'œil sur sa montre, plaça un disque de Miles Davis sur la platine, s'assit droit et raide sur une chaise et écouta, immobile.

Pour lui, dans cette musique, il était toujours cinq heures du matin à New York. L'heure où la ville est froide, nue et où une vapeur tremble au ras de l'asphalte. Musique de l'urgence, des agonies, blues de la peur et pourtant musique de l'espérance; mais de l'espérance sans illusions. On imaginait, suspendu sur la ville, le disque d'un soleil froid, débranché, un soleil bleu, un soleil électrique. C'était un supplice, un glissement immobile vers une fin, un retrait morose et délectable qui, par fulgurances, s'épanouissait en extase.

La nuit perdait de son épaisseur, les immeubles de la 52ᵉ Rue pâlissaient. Des journaux en lambeaux filaient par saccades au ras des trottoirs. Les rares passants frileux étaient blêmes, visages livides, cravates dénouées sur des chemises froissées; les cols des vestes étaient relevés. Ils se sentaient transparents jusqu'à l'os.

Dans les commissariats, c'était la relève : les flics neufs, visages et chemises repassés de frais, buvaient leur deuxième café en regardant partir leurs collègues de la nuit, vannés, crasseux, écœurés. Ils ne se disaient que le strict nécessaire.

Au-dessus de tout cela, Miles, hiératique, jouait de la trompette.

Silhouette mince, hautaine et solitaire. Ses notes grêles perçaient au cœur le tumulte de l'orchestre comme des balles traçantes dans la nuit et s'élevaient en cercles concentriques au-dessus de cette ville, de ces vies en sursis. Une musique méprisante, sans pitié. Parfois, pourtant, lorsqu'il laissait fléchir sa rigueur pendant quelques instants, éclataient alors d'imprévisibles images d'une grandeur pathétique : c'était désolé, généreux, superbe.

Miles ne vieillissait jamais; c'est le monde qui vieillissait sous lui.

Julien Cazals laissa un moment le disque tourner à vide puis regarda de nouveau sa montre et sauta sur ses pieds en jurant. Il lui restait dix minutes pour arriver à la projection privée au Club 13. Ce n'était pas loin mais à cette heure-là, avec la circulation, ce n'était pas gagné d'avance.

Dans l'ascenseur, il s'observa dans le miroir à la dérobée et de la main gauche remit de l'ordre dans ses cheveux blonds et bouclés, qui moussaient au-dessus des oreilles. Il était grand, très mince, d'allure nerveuse et jeune, le corps presque fluide, l'œil sombre, le teint blanc. Il paraissait avoir trente-cinq ans alors qu'il en avait quarante-quatre. Son visage aurait été un peu trop féminin mais son nez cassé lui donnait une touche virile tout à fait bienvenue. Au second sous-sol de l'immeuble, il monta dans une Golf noire et démarra en faisant crier les pneus.

*

A la fin de la projection, les invités, par petits groupes silencieux, se dirigèrent vers le bar où un repas froid leur était proposé.

Julien profita de la brève confusion pour se laisser distancer par Sophie et quitta la salle par une autre porte. Ils n'avaient pas échangé un seul mot pendant le film. Au coin de la rue, il entra dans un café désert et commanda un demi pression en allumant une cigarette. Dos au bar, il regardait la nuit en essayant vaguement de réfléchir. Mais tout en lui était sombre et confus, imbibé d'une mélancolie douce-amère susceptible de se transformer dans l'instant en irritation tendue. Il se dit que tout cela n'était guère intéressant et il cessa de penser à lui. Il finit son demi, paya et sortit. Il faisait toujours aussi chaud mais il commençait à pleuvoir. L'air sentait la poussière. Il pressa le pas jusqu'à sa voiture garée un peu plus loin contre le trottoir, jeta sa cigarette et démarra aussitôt.

*

Il ne fallut pas deux minutes à Sophie pour comprendre que Julien était parti. Le premier sentiment qu'elle éprouva fut une tristesse instantanée d'une force surprenante, qui suscita presque aussitôt une colère froide si intense qu'elle eut la bouche amère et les dents crayeuses. Puis elle dit : « Oui merci ! » à Simon, l'attaché de presse, qui lui proposait une place à sa table. Sonia Lormeau et Raoul Delpierre étaient déjà assis et parlaient du film qu'ils venaient de voir. Ils sourirent à Sophie et continuèrent. Ils disaient des choses assez pertinentes, intelligentes, mais un peu emmerdantes. Sophie se les était déjà dites pendant la projection. Elle but un demi-verre de bordeaux, sourit et eut envie de pleurer. C'était une femme au fond solide, mais elle changeait souvent d'état d'âme ce qui, à la fin, est fatigant pour soi et un peu pour les autres s'ils y prêtent attention...

*

Julien traversa le pont de l'Alma, arriva rive gauche puis fit demi-tour et revint sur la rive droite. Il n'avait pas envie de rentrer chez lui. Il accéléra sur les quais et prit la direction du journal.

Apoplectique pendant la journée, hideux, sonore, puant le fuel brûlé, le quartier au cœur duquel se dressait l'immeuble-vaisseau qui abritait la chaotique destinée du quotidien *Le Jour*, entre les Halles et la Bourse, devenait le soir venu une manière de désert silencieux, obscur et malveillant, enserré — sans un seul arbre ni un seul brin d'herbe à la ronde — entre des falaises de bureaux aux façades hostiles, aveugles, balisées par des rues sinistres. C'était vraiment un quartier infect : le quartier des journaux, à une encablure des Grands Boulevards. Julien eut soudain en mémoire une phrase d'un roman d'Antoine Blondin qui disait, ou à peu près : « Passé neuf heures du soir les héros ne courent pas les rues dans le quartier des Invalides. » Il chercha à se rappeler si c'était dans *Les Enfants du Bon Dieu* ou dans *L'Humeur vagabonde*. Il choisit *Les Enfants du Bon Dieu*. Puis le début de *L'Humeur* lui revint en mémoire. Cette fois, il fut certain de l'ordonnancement des phrases tant cette entrée de roman lui paraissait lisse, et parfaite : « Après la seconde guerre mondiale les trains recommencèrent à rouler. On rétablit le tortillard qui reliait notre village à la préfecture. J'en profitai pour abandonner ma femme et mes enfants qui ne parlaient pas encore. Ma femme, elle, ne parlait plus. »

Depuis des années, Julien était sous le charme de cet enchaînement.

Il ne trouva pas une place convenable pour sa voiture et la laissa en épi face à l'étrave de l'immeuble qui, toutes fenêtres éclairées, jaillissait de la nuit comme dans *Amarcord* le bateau de Fellini. Dans le hall, Claude, le responsable de l'intendance du soir, un grand costaud, chauve, aux mains blanches et fines, discutait avec un chauffeur intérimaire. Julien lui demanda de veiller à ce que les flics ne mettent pas une contravention ou, pire, un sabot à sa voiture.

« Vous risquez pas qu'ils viennent nous pomper à cette heure-là ! fit Claude, sûr de lui et dominateur. Y'z'ont vraiment pas intérêt à me gonfler en ce moment ! »

Julien approuva de la tête en prenant l'ascenseur; il se demandait grâce à quelles obscures et minuscules corruptions Claude régnait sur les flics du quartier dès que tombait le soleil. Il se dit qu'il ne s'agissait peut-être, après tout, que de cette sourde mais forte connivence qui lie entre eux les travailleurs de la nuit. En ce domaine, Julien en savait long.

Il s'arrêta au troisième, passa devant le planton, qui ne lui accorda pas un regard. Derrière son bureau métallique, il téléphonait d'un air pénétré à une certaine Maryse qu'il traitait de salope tous les trois mots; avec dans la voix beaucoup de suavité, ce qui ôtait au qualificatif une large part de sa force péjorative et le transformait en une sorte de simple commentaire objectif et pour ainsi dire affectueux. Julien passa devant la cage de verre, dans laquelle les cinq téléscripteurs tremblaient en crépitant et entra dans le secrétariat de rédaction en pleine effervescence.

Une quinzaine de journalistes, les manches de chemise roulées sur les avant-bras, copie à la main, attendaient sans impatience ni plaisir évidents la fin d'une sévère altercation qui mettait aux prises Slama et Demaisons, jeune reporter du service des spectacles. Hector Slama était un vieux secrétaire de rédaction large, gras, blanc, lent, acariâtre et spécialement sadique avec les nouveaux venus. Pour lui, les papiers étaient toujours ou trop longs ou trop courts ou mal relus et de toute façon nuls. Il n'avait jamais écrit lui-même trois lignes de toute sa vie et méprisait les rédacteurs qui l'avaient, pour se venger, jouant sur ses origines d'ailleurs mal définies, surnommé « le vrai con maltais ».

Le reporter avait eu le malheur de lui demander de remettre en page un filet de cinq lignes à propos du metteur en scène Steven Spielberg et traitant d'une actualité immédiate, filet que Slama avait écarté au profit d'un autre de même longueur mais qui pouvait attendre encore un jour ou deux.

A l'instant où Julien s'approchait, Slama était en train de hurler sous le nez de Demaisons que, premièrement, il n'allait pas foutre une page en l'air pour passer une info d'ailleurs probablement inexacte comme d'habitude; que, deuxièmement, il ne voyait pas l'intérêt de remplacer une connerie par une autre connerie étant entendu que de toute façon la page entière n'était qu'un immense agglomérat de conneries écrites avec une queue de pelle comme tout Paris d'ailleurs le répétait depuis longtemps; que troisièmement, il n'aimait pas — mais alors pas du tout — qu'un quasidébutant se mêle de lui parler sur ce ton-là et se permette même de lui parler tout court, tant il semblait lumineux que le garçon en question aurait certes dû entrer dans une salle de rédaction à condition de se contenter d'y laver les vitres; que quatrièmement, enfin, il ne discuterait désormais qu'avec les chefs de service, un point c'est tout. A la condition toutefois que ces messieurs lui fassent l'honneur de fréquenter de loin en loin le journal et ainsi mériter les salaires extravagants qu'ils touchaient, autrement qu'en allant s'adonner à la pratique de boissons fermentées en compagnie de créatures sur lesquelles, d'ailleurs, il émettait les plus sérieuses réserves concernant leur moralité, leur état sanitaire, l'orthodoxie de leurs mœurs et celle de toute leur ascendance...

Stupéfait, le jeune reporter répondit qu'il allait dans l'instant en référer au rédacteur en chef technique, voire au rédacteur en chef tout court et qu'en tout état de cause Slama aurait le lendemain à rendre des comptes à Servolle, le chef de service de la rubrique des spectacles, lequel n'était pour l'heure en train ni de se soûler ni de copuler avec qui que ce fût, mais d'assister, comme c'était un devoir, à la projection privée d'un film.

L'indignation du jeune reporter faisait sourire les rédacteurs présents et les autres secrétaires de rédaction. Ils savaient très bien que Slama, à peine Demaisons aurait tourné le dos, changerait le filet.

Slama espérait seulement que le gamin allait rameuter le ban et l'arrière-ban de la hiérarchie, déranger un rédacteur en chef déjà débordé (l'OPEP venait de décider deux heures plus tôt que le pétrole allait augmenter de 20 p. 100 dans six jours), lequel irait voir la morasse, constaterait que Slama avait bien changé le filet et engueulerait Demaisons pour l'avoir dérangé sans motif et pour « merde! ne pas avoir les épaules assez larges pour se débrouiller avec sa page et se faire respecter, parce qu'à la fin bordel de Dieu! on faisait un journal et qu'on n'était plus dans la cour de récréation ». Slama pariait, et il n'avait pas tort, que Demaisons rentrerait chez lui le moral à zéro, écœuré du métier pour quelques jours. Il était d'une perversité active et très vigilante.

« Quel film est soi-disant en train de voir Servolle ? demanda Slama, t'en sais même rien du tout ! Ce que tu sais ça tiendrait au dos d'un timbre-poste... »

Julien intervint et fit comme s'il venait juste d'entrer et n'avait entendu que la fin de l'engueulade :

« Ah ! Slama ! Justement j'étais avec Servolle, il te fait dire de ne pas oublier surtout de passer le filet sur Spielberg et même si tu pouvais le monter un peu, il paraît qu'on est les seuls à avoir l'info ! »

Ils éclatèrent tous de rire et Slama avec eux. Seul Demaisons, bras ballants, était décontenancé.

A ce moment-là, lunettes sur le front, la mèche baladeuse, les mâchoires serrées sur le tuyau de sa pipe, la démarche saccadée, rapide et fébrile, Rouchy, le rédacteur en chef, sortit en flèche de son bureau, des papiers à la main.

« Ça fait plaisir ! » grogna-t-il la gueule en biais, desserrant à peine les dents, un vrai journal qui rigole, une vraie bande de jeunes, une vraie équipe de copains...

Il déposa des titres, des sous-titres et presque tout le texte de la page « une » sur le bureau du rédacteur en chef technique en disant :

« C'est bon, tu peux envoyer ! »

Puis plus haut pour les autres :

« Le pétrole prend 20 p. 100, on massacre en Syrie, l'atelier traîne les pieds, on va tomber en retard mais tant pis, la vie est belle ! »

Il reprit de sa démarche mécanique le chemin de son bureau. En passant à côté de Julien, il lui glissa :

« Si tu as deux minutes, viens me voir. »

Julien le suivit et s'assit dans un grand fauteuil de cuir.

Rouchy se laissa tomber dans le fauteuil à côté, allongea les jambes, ôta ses lunettes, les essuya avec son mouchoir et murmura :

« Je suis mort, sers-nous à boire, s'il te plaît ! »

Julien se leva, alla jusqu'au réfrigérateur, servit un scotch sans glaçons pour Rouchy, ajouta du Perrier dans le sien et revint s'asseoir avec les deux verres. Rouchy et lui se connaissaient depuis longtemps, ils avaient été grands reporters plusieurs années durant pour des journaux concurrents. Ils étaient devenus amis. Lorsque Rouchy, qui avait sept ans de plus que Julien, avait pris la tête du « Journal » il l'avait embauché.

Rouchy avala d'un trait la moitié de son verre et dit :

« Si tu peux faire autrement, ne deviens jamais chef, c'est un piège à cons.

— On dit ça, fit Julien.

— Je sais, dit Rouchy. On dit ça... »

Ils burent un moment en silence. Ils aimaient à être ensemble mais ils ne parlaient jamais beaucoup.

« Qu'est-ce que c'était ce bordel tout à l'heure ? » demanda Rouchy.

Julien fit un geste de la main.

« Slama... il a trouvé un jeunot à terroriser, c'est tout. Le cirque habituel. C'est vraiment une grosse merde.

— Sans déconner, fit Rouchy, il ne me fait plus rire du tout. Il est nul et il fout une atmosphère dégueulasse. C'est un saladier dégueulasse, voilà ce que c'est ! Par moments, j'ai envie de le virer.

— Non ? fit Julien narquois.

— Je te jure que si ! Les journaux sont pleins de mecs comme ça, on croit que ça fait partie du folklore, c'est de la connerie, ils les pourrissent. En moins de deux ils te transforment les jeunes en petits vieux cyniques et fainéants...

— C'est vrai, dit Julien, mais t'as déjà vu des gens se faire virer d'un journal autrement que par charrettes pour compression économique, comme on dit ?

— Non ! Mais je peux rêver, non ?

— C'est ça, rêve ! Cela dit, le père Slama avec ses soixante-deux balais et ses cent mille ans d'ancienneté, il t'emmerde. Tu le sais. Et il sait que tu le sais, tout est en ordre.

— Des fois, dit Rouchy l'air songeur, je me demande comment les journaux marchent avec les wagons de nuisibles qu'ils traînent. »

Il but. Julien en profita pour lui demander :

« C'est pour réformer la presse que tu voulais me voir ?

— Non, répondit Rouchy, je crois que le mois de juillet sera calme, je voudrais que tu prennes tes vacances en juillet et que tu files chez Khomeiny dès ton retour. Ça te pose des problèmes ?

— Non ! Je fais comme tu veux. Et toi, tu pars quand ?

— Je prendrai un moment en juillet moi aussi. Tu as des nouvelles de Monique ?

— Ouais, elle vient en France cet été.

— Et Sally ? Ça va ?

— Bien. Elle va bien, je suis content de la voir un peu. C'est une gamine très intelligente, très pointue...

— Et toi ?... si je puis me permettre...

— Ça va. Ça va même bien. Tu vois, faut croire que j'étais vraiment pas fait pour le mariage. Monique doit avoir raison.

— Vous divorcez ou pas ?

— On n'en a plus parlé depuis un siècle. C'est pas à l'ordre du jour. Au fond, ça n'a pas d'importance. »

Une lumière s'alluma sur un coin du bureau de Rouchy.

« Merde ! dit-il, même à cette heure-là. Y'a pas moyen d'avoir la paix trente secondes. »

Il appuya sur un bouton qui, à l'extérieur, allumait une ampoule verte sous un globe dépoli.

« Si c'est Slama, murmura Rouchy, je le flingue ! »

La porte s'ouvrit et Cressard, un rédacteur de la rubrique des sports, entra. Il tenait une dépêche de l'AFP entre les mains et faisait une tête à annoncer une mauvaise nouvelle.

« Excusez-moi de vous déranger, dit-il, mais j'ai pensé que Julien voudrait être au courant tout de suite, on m'a dit qu'il était là. »

Il tendit la dépêche à Julien. Elle annonçait en six lignes que « l'industriel Antoine Maïllebal, l'ancien capitaine de l'équipe de France de rugby, s'était suicidé dans un hôtel de Bordeaux ».

Julien ne dit rien et tendit la dépêche à Rouchy qui eut un réflexe strictement professionnel :

« Qu'est-ce que vous faites ?

— Je le fais monter « 3 col. tête » à droite en rubrique, répondit Cressard; la dépêche plus une bio très brève, vu l'heure. Je voulais demander à Julien s'il se sentait un papier... Vous étiez ensemble en équipe de France, vous étiez très copains, je crois?

— Oui, dit Julien, mais je n'écrirai rien. Si vous voulez je vous donnerai des détails tout à l'heure, avant la deuxième édition. Ecrivez le papier vous-même, ça sera mieux, on n'est pas à *Paris-Midi*, on fait pas dans le sanglot.

— C'était à tout hasard...

— Vous avez bien fait, dit Rouchy — il ne savait rien du sport —; il était très connu, Maïllebal?

— Très! répondit Cressard. Très populaire. Il a commandé une des trois ou quatre meilleures équipes de France de l'histoire. Julien en sait quelque chose, il en était. »

Rouchy se tourna, l'air interrogateur, vers Julien, qui hocha la tête.

« Il a raison, à mon avis, ça vaut même un appel de une. Pas énorme pour nous, mais ça le vaut.

— Vous avez une idée du motif de son suicide? demanda Cressard. Tout le monde est stupéfait, on appelle partout... Personne ne comprend, tout le monde tombe des lustres... Un type comme lui! Riche et tout, ses affaires marchaient très bien...

— Il avait un cancer du tube digestif, dit froidement Julien. Il était foutu et il le savait. On devait être trois ou quatre à être au courant. Même sa femme et sa mère l'ignoraient.

— Je peux l'écrire...

— Non ! coupa Rouchy avec autorité. On vend pas le journal là-dessus. Il va y avoir enquête et alors ça se saura. Pour ce genre de choses, contentons-nous de suivre.

— Si des confrères se mettent à déconner et racontent n'importe quoi, alors, j'écrirai ce que je sais, dit Julien, mais ça ne sera pas nécessaire. C'est le professeur Fournier qui l'avait examiné. Antoine a dû, avant de se tuer, lui écrire pour le délier du secret médical. On verra.

— Très bien, Cressard, merci ! fit Rouchy. On marche comme ça, « trois col. tête » en rubrique avec photo et appel de une. Montrez-moi l'appel dès qu'il sera rédigé. Rien en info géné. On laisse tout en rubrique sportive et on ne dramatise pas. O.K. ? »

Cressard hocha la tête.

« Gardez la dépêche, si vous voulez, j'ai le double.

— Merci, dit Julien et il ajouta : soyez gentil, gardez-moi les doubles de tout ce que balanceront les agences cette nuit et demain.

— Entendu, dit Cressard et il sortit.

— Il est pas mal, ce môme, dit Julien en fourrant la dépêche dans sa poche.

— Tu trouves ? Moi je le trouve un peu gnangnan.

— Un peu, peut-être, mais pas si mal...

— Maïllebal... C'était vraiment un ami ?

— Ça a été un très grand ami de jeunesse... un frère même et puis tu sais... la vie...

— Ouais ! fit Rouchy. Cela dit, compte tenu de son état, c'est une fin qui nous plaît plutôt, non ?

— Plutôt oui », dit Julien, l'œil vague.

Rouchy comprit que Julien était profondément touché, beaucoup plus qu'il ne voulait le laisser paraître.

« Mon petit vieux, fit-il, je te chasse pas mais j'ai plein de conneries à relire, reste si tu veux mais je m'y mets. Et excuse-moi, je suis pas très fort pour les condoléances et tout ça. »

Julien se leva.

« Merci, je m'en vais. Je passe aux sports voir Cressard et demain je laisse mon téléphone de vacances à tes secrétaires. Où vas-tu, toi ?

— En Bretagne, bien sûr ! » dit Rouchy en faisant une grimace atroce. (Il détestait ce pays mais sa femme y possédait une maison de famille. « Et toi ?

— Moi je vais commencer par l'enterrement de Maïllebal à Rochecourbe, notre bled dans le Sud-Ouest.

— Bon courage ! dit Rouchy qui avait déjà replongé le nez dans sa copie.

— Amuse-toi bien, dit Julien en sortant, n'oublie surtout pas ton parapluie.

— Très drôle », répondit Rouchy sans relever la tête.

Julien referma la porte sans bruit.

Le calme était revenu dans la grande salle, presque tous les secrétaires de rédaction avaient rejoint les ouvriers au marbre. L'heure de la première édition approchait. Sur les bureaux traînaient des sandwiches à demi rongés, des canettes de bière vides, des morasses maculées, des maquettes tachées d'encre d'imprimerie.

Il ne restait que Wolf, un huissier silencieux, assis sur une chaise près des circuits à air comprimé destinés à faire circuler, dans des tubes de verre, les articles entre le secrétariat de rédaction et les différents services. Il était chargé de la réception et de l'expédition des tubes. Sa corpulence, son origine alsacienne, sa nonchalance et sa position stratégique dans la salle lui valaient deux surnoms : « Le Carré de l'Est » et « Le Passif central ». Il vivait dans une indifférence totale à tout ce qui l'entourait. Chaque soir il arrivait à dix-huit heures, s'installait sur sa chaise derrière un minuscule bureau de fer, sortait de son tiroir la biographie d'un grand musicien, un cahier, un stylo et, le mufle au ras des mains, lisait en prenant des notes jusqu'à deux heures du matin, heure à laquelle cessait son service. Lorsque le sifflement dans le tuyau annonçait l'arrivée d'un tube, il se retournait lentement, ouvrait le tube, lisait le titre du papier et l'apportait, pesante démarche d'ours, vers le secrétaire de rédaction en charge de la rubrique. Sans un mot.

Il faisait alors le tour des tables, ramassant la copie à réexpédier et revenait s'asseoir, toujours silencieux. Il était là depuis cinq ans. Il était arrivé par un beau matin d'hiver, accompagné du chef du personnel. Il avait salué l'assistance d'un bref « messieurs ! » Et c'était tout. Nul ne savait rien de lui. Le bruit courait qu'il était un ancien professeur de latin chassé de l'enseignement en raison de pratiques sexuelles, jugées répréhensibles, sur de très jeunes garçons. Nul ne savait exactement la vérité, mais chacun se satisfaisait de celle-là dans la mesure où elle conférait à Wolf une aura vaguement sulfureuse qui l'éclairait un peu et permettait de cadrer une personnalité si lisse par ailleurs qu'elle en devenait gênante.

Au début, pour tenter de briser son mutisme, plusieurs journalistes avaient essayé sur lui les grands classiques qui consistent à mettre des pétards dans les tubes à air comprimé, de la colle dans les tiroirs et autres plaisanteries du niveau zéro dont sont friands les vieux gamins de la nuit. Elles avaient eu si peu d'effet sur Wolf que les plus turbulents s'étaient découragés. Depuis, au cœur même de l'endroit le plus agité du journal, il vivait aussi tranquille qu'un vaisseau dans l'œil du cyclone.

Julien le salua en passant. Wolf lui rendit son salut et dit :

« Un jeune homme vous cherche, dont j'ignore le nom. A propos d'une nécro, je crois.

— Merci, répondit Julien, je l'ai vu.

— Tant mieux, fit Wolf en se replongeant dans la vie de Mozart. J'ai l'impression qu'ici les gens qui se voient vingt fois par jour passent leur temps à se chercher en vain.

— C'est parfaitement vrai, approuva Julien, surpris par ce qui chez Wolf pouvait passer pour un torrent verbal. Mais peut-être ne se cherchent-ils pas vraiment ? »

Wolf releva l'œil de quelques millimètres, esquissa un sourire et dit :

« Question presque métaphysique, monsieur Cazals... »

Puis il s'abîma définitivement dans son livre.

Au fond de la salle, Demaisons mangeait un sandwich en buvant une bière.

« Ça va mieux ? demanda Julien.

— Pas fort. La mauvaise foi me dégoûte.

— Si vous vous laissez foutre en l'air par Slama, mon vieux, vous n'avez pas fini de ramer dans ce boulot.

— Mais ça sert à quoi, tout ce cirque?... On pourrait travailler tranquillement... normalement, je sais pas moi... »

Julien avait une sympathie instinctive pour ce garçon mais il n'aima pas sa réflexion.

« Je ne sais pas, moi non plus. C'est comme ça. Faut faire avec.

— C'est toujours les incapables qui font du vent, dit Demaisons, j'ai remarqué. Vous par exemple, vous n'avez jamais embêté les jeunes, au contraire... »

Julien renâcla sous le coup de lèche et détesta soudain le jeune homme.

« Pleurez pas trop, fit-il sèchement, ça va ramollir votre sandwich. »

Vexé — c'était vraiment une mauvaise soirée —, Demaisons le regarda sortir par la porte du fond.

« Pleurnicheur! » pensa Julien en descendant l'escalier.

Il aurait aimé remonter le moral de Demaisons à condition que Demaisons ait commencé à le faire lui-même. Mais cet air de chien battu... sentencieux... Julien se revit stagiaire sur une radio périphérique. On l'avait pris pour l'été et on l'avait collé par hasard au service politique. On ne lui donnait rien à faire. Chaque matin, c'était pareil : en une demi-heure, il avait entendu le chef de service ou son adjoint téléphoner sans cesse :

« Allô! Jacques? Ça va? dis-moi... »

C'était le premier ministre.

« Allô! Raymond, bonjour... »

C'était le P.-D.G. d'une chaîne de télévision.

— Allô! Paul? Juste trois minutes... »

C'était le patron d'un syndicat. Et ainsi de suite...

Julien avait remarqué les regards qu'ils lui glissaient en coulisse, histoire de vérifier l'effet produit.

Le quatrième jour, à la quatrième communication de la matinée, il avait lui-même décroché son téléphone, fait posément un numéro et clamé :

« Allô! maman? Bonjour, comment ça va? Juste un mot : je m'ennuie! »

Beaux joueurs, les autres l'avaient adopté une heure après et le soir même il travaillait pour de bon.

Il prit l'escalier de service, qui conduisait au troisième où se tenait le service des sports, une très vaste salle tapissée d'affiches aux couleurs vives, de calendriers de compagnies aériennes, encombrée de piles branlantes de revues. Un pan de mur pourtant était dégagé, où ressortait en couleurs le visage du président de la République collé sur une cible de liège et criblé de fléchettes. Du plafond pendait une cage à oiseaux dans laquelle était enfermé un poulet rôti en carton-pâte. Au fond, derrière un bureau noir recouvert de coupures d'archives, se tenait Cressard. Il s'était levé à l'entrée de Julien.

« Il ne fallait pas vous déranger, dit-il, j'allais monter chez vous.

— Vous n'avez pas beaucoup de temps d'ici à la seconde édition », fit Julien en s'asseyant.

Il se renversa sur sa chaise et posa ses talons sur le bureau voisin.

« On ne repique pas pour la seconde édition, dit Cressard. Y'a un problème avec les ouvriers, ils sont en réunions d'équipe. Ils parlent pas de grève mais ça revient au même.

— Dans ce cas, dit Julien, vous n'avez pas besoin de moi.

— Si! Si! J'ai eu Pellier au téléphone, il veut qu'on fasse un truc complet pour le jour suivant. »

Pellier était le chef du service, un vieux de la vieille au bord de la retraite. Il était déjà chef lorsque Julien jouait au rugby avec Antoine. C'était un vieux con moralisateur, traitant du sport de haute compétition comme d'un jeu de piste boy-scout et d'une affaire de bons sentiments.

« J'ai déjà survolé pas mal d'articles, fit Cressard. Ils disent presque tous la même chose : un type formidable, etc. L'image d'Epinal : tenu en grande estime par les dirigeants, adoré par les joueurs, lui-même joueur complet, très courageux, plein d'abnégation... surnommé Saint Antoine... sans histoires... un ange... un ange radieux.

— Oui, dit Julien, on va lire ça partout. D'une certaine façon, c'est vrai. Il a été un bon joueur et surtout un très grand capitaine. Le seul truc intéressant que je puisse vous dire c'est la façon dont il y est parvenu. Plus bandante qu'angélique. Les deux saisons précédentes, l'équipe de France était riche de très forts joueurs mais elle accumulait les mauvais résultats. Elle faisait des matchs brillants mais elle perdait.

— Je sais, fit Cressard.

— Attendez. Ce que vous savez aussi c'est que la saison d'après, Antoine a été nommé capitaine. Alors les deux tiers de l'équipe ont été limogés et surtout les stars.

— Oui.

— Ce que vous ne savez pas, c'est que ce n'est ni le président de la fédération ni le comité de sélection qui ont décidé tous ces changements : c'est Antoine.

— Comment ça ?

— Il leur a mis le marché en main : ou je suis capitaine et pendant une saison entière je décide de tout, y compris de la formation de l'équipe étant entendu qu'on fera, vis-à-vis des joueurs, de la presse et du public comme si c'était vous. Ou bien je laisse tomber.

— Et les « fédérastes » se sont couchés si facilement ? demanda Cressard.

— Non, bien sûr, ils ont refusé. Alors Antoine est allé plus loin ; il les a menacés : si vous n'acceptez pas, je casse la baraque, je raconte tout sur le fric qui circule dans ce sport dit amateur ; les Britanniques rompent les rapports avec vous ; plus de tournoi des cinq nations et le rugby redevient un sport mineur en deux ans. Ça a jeté un sacré froid. A l'époque les Britanniques ne rigolaient pas encore avec l'amateurisme. Les gens de la fédération ont hésité et ils se sont couchés. Après tout, ils avaient beaucoup plus à gagner qu'à perdre dans l'opération. Aussitôt, Antoine a viré quelques stars, formé une équipe de combat, forgé un jeu d'avants pas très rigolo mais efficace... vous connaissez la suite. Il y avait une discipline de fer. La garde de fer...

— Et personne n'a cassé la baraque?

— Personne. Les exclus et de nombreux journalistes en ont fait une affaire d'Etat, mais, dès les premières victoires, tout ça est retombé à plat.

— Quels étaient les rapports entre Antoine et les dirigeants?

— Les rapports qu'ont les gens qui ont des cadavres dans le placard. Un mépris total de la part d'Antoine, une haine vigilante de la part des dirigeants, mais ils étaient coincés. Il leur a fallu attendre quatre ans et son accident à la hanche pour en être débarrassé. Mais pendant quatre ans il s'en est donné à cœur joie, les traitant comme de la merde à huis clos, les saluant très bas en public.

— Et tout ça n'a jamais transpiré?

— Jamais. A part les intéressés, j'étais le seul à être au courant. Antoine et moi on s'est élevés ensemble dans le même patelin du Sud-Ouest.

— Pourtant, vous aussi vous avez été éliminé de l'équipe pour les deux premiers matches du capitainat de Maïllebal.

— C'était une combine. S'il m'avait gardé, compte tenu de mon style de jeu, on aurait crié au copinage. Il s'est débrouillé seulement pour sélectionner à ma place un joueur si quelconque que mon retour s'est fait sous les ovations. Voilà l'histoire.

— Il ne devait pas avoir que des amis alors, au contraire de tout ce que je lis.

— Fichtre non! Officiellement si, mais beaucoup le détestaient en secret. Trop autoritaire. Trop dur... Il n'y a qu'une chose pour laquelle chacun lui tirait le chapeau : il était d'un courage fou, il mettait les mains là où personne n'osait mettre même la pointe du pied. Je l'ai vu se coucher sur des balles hyperdangereuses. C'est un miracle qu'il n'ait pas eu d'accident grave pendant quatre ans. Il était d'une force et d'un courage complètement fous.

— Il était comme ça ou il l'était devenu ?

— Il avait toujours été comme ça. Ses qualités physiques l'y prédisposaient. C'était une force de la nature, pourtant il était lent, il devait compenser son manque de vivacité par une présence physique énorme. Il n'était ni brutal ni vicieux, il n'en avait pas besoin, il lui suffisait d'appuyer un placage à la régulière pour démolir le type d'en face. Il en a étendu des paquets mais lui seul savait qu'il aurait pu s'en abstenir en levant un peu le pied. Tout ce qu'il faisait était « régulier » selon les lois du jeu mais il exploitait ces lois au maximum. Depuis l'enfance il était un type dur.

— C'était pas vraiment un poète, laissa tomber Cressard, ni un ange. »

Julien sourit :

« A sa manière si... Il aimait bien pousser les choses jusqu'au bout de leur logique. En avoir « le cœur net » comme il disait :

— Si je peux écrire tout ça, fit Cressard, c'est vachement intéressant. Je voudrais seulement ouvrir de temps en temps les guillemets dans votre bouche. Si c'est moi qui raconte, c'est sans intérêt. Si je m'appuie sur vous, son meilleur copain...

— Comme vous voudrez, fit Julien en se levant, mais ne croyez pas que ça va remuer les planètes. Plus de vingt ans après... et puis si vous lâchez l'exacte vérité vis-à-vis des anciens dirigeants et joueurs, ça risque seulement de rendre malheureux quelques vieux bonshommes qui rêvent leurs faux souvenirs et qui vivent dans l'estime de leurs enfants.

— Ouais, fit Cressard, ce que je peux dire — sans tout dire — c'est qu'Antoine a été encore plus important qu'on ne le croyait pour le rugby français.

— Si vous voulez. Débrouillez-vous ! Salut !

— Merci », dit Cressard. Et comme Julien allait sortir il ajouta : « Vous avez dit qu'il aimait pousser les choses jusqu'au bout de leur logique... Ça aide à comprendre son suicide. On n'imagine pas un homme comme lui finir grabataire !

— Tout à fait ! » dit Julien, et il sortit.

Avoir parlé de la logique d'Antoine lui remit en mémoire, tandis qu'il remontait l'escalier vers son propre bureau, une scène de leur enfance.

C'était un matin derrière la poste, dans le jardin triste et poussiéreux. Comme ils arrivaient tous les deux, une mouche venait de se prendre dans une toile d'araignée entre le mur de la remise et la treille. Julien s'était avancé, la main tendue vers la toile. Antoine avait crié très fort :

« Qu'est-ce que tu veux faire ?

— Je veux sortir la mouche.

— Pourquoi ?

— Ben... pour la sortir...

— Laisse-la !

— Pourquoi ?

— Laisse-la, je te dis ! »

Julien s'était avancé pour dégager la mouche. Alors Antoine lui avait sauté dessus et l'avait immobilisé.

« T'es fou ! avait hurlé Julien.

— Je t'ai dit de ne pas y toucher. »

Julien avait rué dans tous les sens pour se dégager mais Antoine était déjà beaucoup plus fort que lui. Hors d'haleine il avait dû cesser de résister et il avait vu l'horreur : le monstre jaillir d'une anfractuosité du mur, se saisir de la mouche, la tuer... il avait crié :

« Salaud ! Fumier ! Salaud ! Salaud ! »

Lorsque tout avait été fini Antoine lui avait demandé :

« Pourquoi tu voulais empêcher l'araignée de faire son truc ? Ce qu'elle fait c'est normal, c'est logique !

— T'es un salaud ! J'aime pas voir les bêtes mourir et tout...

— C'est toi le salaud ! Et quand on braconne les poissons et quand on prend des lièvres au collet, c'est pas les faire mourir peut-être ?

— C'est pas pareil.

— C'est pareil.

— Non... l'araignée c'est... j'sais pas moi, c'est dégueulasse la façon qu'elle a de faire.

— C'est pas plus dégueulasse que nous avec les poissons. Et puis si ça avait pas été cette mouche c'était une autre, ou une autre, ou une autre encore. C'est pas vrai ?

— Si, c'est vrai, mais...

— Alors ! tu vois !

72

— Je vois rien du tout. Tu es un salaud d'avoir laissé cette saloperie tuer la mouche ! »

Antoine avait haussé les épaules en regardant Julien.

« Y'a des fois, tu es complètement con, ma parole !

Le reste de la journée et les jours suivants se perdaient dans la mémoire de Julien comme dans une nébuleuse. Cependant, cette scène-là y demeurait avec une netteté extrême inscrite à jamais. Avec quelques autres.

Comme il entrait dans son bureau, le téléphone sonna.

« Une certaine Sophie vous cherche, monsieur, depuis dix minutes. Ça fait la troisième fois qu'elle rappelle, qu'est-ce que j'en fais ? demanda la standardiste quelque peu excédée.

— Dites-lui que je suis chez Rouchy, qu'on a un petit problème et qu'elle rappelle dans un quart d'heure. »

Il raccrocha et eut envie de prévenir Monique de la mort d'Antoine. Il regarda sa montre, se dit qu'il y avait une chance pour qu'elle soit chez elle à cette heure-là et fit le numéro du standard.

« Passez-moi le 31 01 15 20 à New York, s'il vous plaît. »

Il garda la ligne quelques instants.

« C'est occupé, dit la standardiste.

— Merci. Vous me le rappelez toutes les cinq minutes ?

— Entendu et... et si votre autre correspondante rappelle avant ?

— Je ne veux personne avant d'avoir eu New York. »

Il raccrocha, posa sa veste, bâilla, se renversa dans son fauteuil. Il fit un effort terrible pour penser à autre chose qu'à Antoine. Il lui vint à l'esprit, puisqu'il partait dès le lendemain, de mettre un peu d'ordre dans son dossier Iran.

L'affaire Khomeiny, qui avait fait les unes depuis le début de l'année, était l'une de ses grandes satisfactions professionnelles. Il l'avait suivie depuis le début et il avait été le premier à pronostiquer que « l'ermite de Neauphle-le-Château », que ses confrères prenaient plus ou moins pour un croquemitaine de carnaval, allait bouleverser la vie non seulement de tout un pays, mais celle d'un large canton de la planète. Pour avoir été le premier, le plus perspicace et d'une certaine façon le visiteur le plus ponctuel du fameux pavillon de banlieue, Julien avait pu en février débarquer en Iran par le même avion que l'iman Khomeiny. Tous ces ayatollahs le passionnaient car il avait l'impression, avec eux, de pénétrer dans un monde totalement inconnu dans lequel tous ses acquis, toutes ses capacités de raisonnement ne lui servaient plus à rien. Julien avait beaucoup bourlingué, en Afrique, au Vietnam, au Cambodge. Tous les soubresauts de la planète, toutes ses horreurs lui étaient devenus familiers. Il voyait clair et il était parvenu rapidement à « dépoétiser » ses articles, c'est-à-dire à ne pas mettre sans cesse ses propres émotions dans des choses qui n'en ont pas. A ne pas les gonfler de ce qu'il appelait « la salade émotionnelle ». Il avait compris que les guerres dont il était le témoin, il fallait, pour les pénétrer, comprendre qu'elles étaient mues, en dépit des apparences, par des

« motifs humains » certes, mais glacés. Or les gens ne croient pas que quelque chose ou quelqu'un est humain s'il n'est pas imprégné de sentiments tristes, ennuyeux et faux.

Un jour, Rouchy lui avait dit :

« Fais attention ! Ce que tu écris est excellent mais je me demande si, travaillant de cette façon, tu seras capable d'émotions le moment venu.

— Mais si ! Sois tranquille, je suis sûr que mon émotion est intacte, il suffit que je tombe sur quelque chose à quoi elle peut s'appliquer. »

Là-dessus, les ayatollahs avaient émergé dans l'actualité et comme pour prouver à Rouchy le bien-fondé de ce qu'il venait de lui affirmer, Julien, avec eux, n'avait plus fonctionné qu'à l'émotion. Surtout après avoir vu Khomeiny. Ce vieillard et son extravagante camarilla l'avaient fasciné et effrayé bien plus que les guerres les plus spectaculaires et les plus rudes auxquelles il avait été confronté jusqu'alors. Il détestait ces fanatiques, et, cependant, il ne pouvait plus les quitter.

Même au temps où le shah paraissait encore indéracinable, Julien avait dit à Rouchy :

« S'il ne se débrouille pas pour faire assassiner très vite le vieux, il est foutu. »

Bien avant qu'ils ne fussent édités en France, Julien s'était procuré les « principes politiques philosophiques, sociaux et religieux » de l'ayatollah Khomeiny. Julien relut le début d'un de ses articles qui commençait par une déclaration de l'iman traduite par l'un de ses fidèles. L'article avait fait quelque bruit à l'époque : « Si on appliquait pendant une année seulement les lois punitives de l'Islam, on déracinerait toutes les injustices et les immoralités dévastatrices. Il faut châtier les fautes par la loi du talion : couper la main du voleur, tuer l'assassin et non pas le mettre en prison, flageller la femme ou l'homme adultère. Vos égards, vos scrupules " humanitaires " sont plus enfantins que raisonnables. Au terme de la loi coranique, n'importe quel juge réunissant sept conditions : être pubère, croyant, connaître parfaitement les lois coraniques, être juste, ne pas être atteint d'amnésie, ne pas être bâtard ou de sexe féminin, est habilité à rendre la justice dans n'importe quel cas. Il peut aussi juger et régler en un seul jour vingt procès différents, quand la justice occidentale met plusieurs années à les aborder... »

Un article éclairant après lequel bien des confrères avaient commencé à regarder la révolution islamique d'un autre œil.

Le téléphone sonna.

« New York toujours occupé, dit la standardiste.

— Merde ! dit Julien. Essayez encore dans cinq minutes, après je vous ficherai la paix. »

Il raccrocha et classa soigneusement ses propres articles dans une chemise beige cartonnée, glissa ceux de ses confrères et sa documentation dans une chemise rouge. Il lia les deux avec un gros élastique, les rangea dans le tiroir du bas de son bureau, qu'il ferma à clef. Ensuite, il tria dans ses autres tiroirs, c'est-à-dire qu'il jeta à terre environ cinq kilos de paperasses, des prospectus, des invitations... Lorsque le téléphone sonna de nouveau, son bureau ressemblait à une vaste corbeille à papiers.

« Toujours occupé.

— Bon, fit Julien en plissant le nez, laissez tomber, j'appellerai moi-même plus tard.

— En revanche, j'ai en ligne la Sophie de tout à l'heure.

— Envoyez, fit Julien. Merci ! »

La voix tendue résonna.

« Je te le dis tout net, Julien, ton attitude n'est pas acceptable ! Il m'est arrivé des choses dans la vie, mais être avec quelqu'un comme ça, dans un lieu public, et qui disparaît sans raison, sans *aucune* raison, jamais ! »

Il ne répondit pas.

« Allô ? demanda-t-elle, tu m'entends ?

— Je t'entends, oui.

— Et c'est tout ce que tu trouves à dire !

— Ecoute, je... je t'écoute.

— Comment tu m'écoutes ! mais c'est à moi de t'écouter ! Pourquoi es-tu parti sans raison ?

— Tu me demandes la raison pour laquelle je suis parti et tu me dis que je n'avais aucune raison ! Qu'est-ce que tu veux que je te réponde ? »

Il entendit de l'autre côté Sophie respirer profondément puis sa voix bondit de nouveau :

« Julien, s'il te plaît ne joue pas sans cesse sur les mots ! Je sais que tu as le don, c'est trop commode. J'ai le droit, au moins, que tu m'expliques. »

Il pensa que Sophie était de cette catégorie de femmes qui a une claire conscience de ses droits, de ses devoirs et de toutes les choses de la vie quotidienne. L'explication laissant peu de place à l'irrationnel n'allait pas être facile. Il se sentit presque découragé à l'avance. Aussi tourna-t-il la difficulté, très lâchement, c'est ce qu'il pensa. Il dit en boulant sa phrase :

« J'ai une sale nouvelle, Antoine Maïllebal s'est tué !

— Pardon ?

— Antoine Maïllebal s'est tué !

— S'est tué ? Tu veux dire en voiture ?

— Non. Il s'est tué. Suicidé.

— Mon Dieu ! fit Sophie. Pourquoi ?

— Il avait un cancer. Il était foutu. »

Sophie laissa passer le temps.

« Je... je suis vraiment consternée. Tu le savais tout à l'heure à la projection. Tu étais si sombre...

— Je savais qu'il avait un cancer incurable, je ne savais pas qu'il s'était suicidé. Je l'ai appris il y a une demi-heure. »

Il y eut un silence. Julien se demandait si maintenant elle allait avoir assez de culot pour reprendre la scène qu'elle avait commencée. Sophie de son côté se demandait si Julien lui avait tout de suite jeté à la figure ce mort — qu'elle ne connaissait pas — parce qu'il était très ému, ou bien parce qu'à l'abri du cadavre il esquivait une mise au point difficile.

« Qu'est-ce que tu vas faire ?

— Je descends demain après-midi à Rochecourbe, le temps de régler quelques bricoles au journal. »

Elle recula.

« Je suppose que tu n'as pas très envie de parler de lui.

— Pas très...

— Excuse-moi, mais tu me comprends sans doute, je suis très — elle chercha ses mots, elle s'embrouillait — très mortifiée.

— C'est le terme qui convient! lâcha-t-il.

— Oh! Julien... je t'en prie, pourquoi es-tu ainsi?

— Excuse-moi.

— Tu n'as pas à t'excuser, je voudrais seulement que tu... je voudrais comprendre, te comprendre.

— Je sais, oui. Je le sais bien.

— Je voudrais que nous soyons... enfin que nous ayons des rapports simples, naturels, tu comprends?

— Tu as raison, oui. Mais c'est un fait qu'en ce moment je suis dans ma période d'enfant de salaud. C'est ça! Voilà ce que je suis en ce moment : un enfant de salaud!

— La question n'est pas là, Julien. Tu le sais très bien. Ton problème c'est que tu ne sais jamais ce que tu veux faire jusqu'au moment où tu le fais. Je ne sais pas si je m'exprime clairement et si je dis la vérité, mais je ressens ça...

— Tu as complètement raison. Je ne sais jamais ce que je veux faire. Ce que je sais c'est ce que je ne veux pas faire. Le reste...

— Enfin tu ne trouves pas — elle hésita —, ne prends surtout pas ça en mauvaise part, mais c'est une attitude par moments enfantine... On dirait parfois que tu ne veux pas être adulte.

— Tu es formidable! dit Julien sur un ton très sérieux. Ça ne fait que trois mois qu'on se connaît et tu me cadres, tu me coinces là où il faut.

— Vraiment?

— Lorsque j'étais enfant, j'étais certain de ne jamais pouvoir un jour être adulte. Je savais que je deviendrais grand, que j'aurais de la barbe et tout ça, mais je savais que je ne serais jamais adulte.

— Comment ça?

— Eh bien, par exemple, que je ne pourrais jamais être médecin, ou ingénieur, ou avoir une boutique, je ne sais pas, enfin ce que font les gens d'habitude. Ni même avoir une maison avec une femme, des enfants et une auto pour aller se promener le dimanche, ou partir en vacances avec eux...

— Tu dis ça sérieusement?

— Je n'ai jamais été aussi sérieux, Sophie. Tu vois, je ne fais pas un vrai métier, je n'ai pas de maison, j'ai une auto mais elle ne me sert pas à emmener ma famille en vacances ni rien.

— Mais tu te plais dans ce rôle d'immature! Franchement?

— Franchement, le diable sait quoi! Je ne sais pas si ça me plaît ou si ça me fout en l'air au contraire. D'ailleurs, c'est sans importance. La seule chose importante c'est que c'est comme ça et qu'il faut bien que je fasse avec. »

Sophie eut l'impression qu'il la menait en bateau et elle durcit le ton.

« La vérité c'est peut-être que tu es incapable d'aimer. Ce qui s'appelle aimer... aimer, simplement!

— Ne dis pas ça, tu sais bien que j'ai aimé. Tu n'en as pas idée. Je te l'ai raconté pourtant.

— Mais c'est une histoire d'enfance, Julien! On ne peut pas vivre sur une histoire d'enfance.

— Mais si! D'ailleurs tu sais très bien que mon histoire d'enfance, comme tu dis, que mon histoire d'enfance et moi on s'est mariés quand même!

— Oui. Mais vous êtes séparés, depuis plus de deux ans.

— Et alors?

— Tu m'as dit que tu n'aimais plus Monique.

— Monique? Non! Ma femme? Non! mais mon histoire d'enfance, si! »

Il y eut un long silence et du côté de Sophie une sorte de soupir sourd.

« J'ai peur de ne pas toujours bien te comprendre.

— Qu'est-ce que ça peut faire! Tout n'est pas fait pour être *compris*. Ça ne sert à rien de tout comprendre. Lorsque j'étais enfant, je voulais épouser Monique tout de suite. Je lui disais qu'on ficherait le camp, qu'on trouverait toujours à travailler dans une ferme très loin et que peu à peu on aurait une ferme à nous, tant que nous serions assez jeunes. Elle me répondait que c'était idiot, qu'il valait mieux attendre la fin de la guerre, des études et tout ça. J'avais beau me tuer à lui expliquer que ce n'était pas pareil, que lorsque les adultes se marient ils ne sont pas très libres; d'ailleurs, ils ont l'air content le jour de la noce et puis on les revoit huit jours après, ils sont devenus des mariés comme les autres, je veux dire comme les vieux mariés, les vieux couples. Ils sont obligés de penser à gagner plein de fric, à avoir « un intérieur », à recevoir des amis, à trimbaler des soucis d'enfer, à faire réparer la maison, à s'occuper de savoir comment travaillent les enfants à l'école, tout ça... Et que la seule manière à mon avis de bien se marier c'était de se marier enfant. Pas la peine de faire tout le cirque de la mairie et de l'église. On dit : on est mariés et c'est fini ! Je me rappelle que je lui avais dit qu'elle n'avait pas l'air de comprendre. Ça m'énervait énormément parce qu'elle était beaucoup plus intelligente que moi et même parfois beaucoup moins raisonnable. Mais là-dessus, elle coinçait. Elle m'avait répondu qu'elle ne comprenait pas très bien, en effet, mais que je n'avais pas l'air de bien comprendre moi non plus ce que je voulais *exactement*. Je me rappelle son *exactement*. Dieu du Ciel, je l'aurais tuée ! Avec son air pimbêche : *Exactement*... Je te jure ! Je ne sais pas ce que je lui aurais fait... »

Il s'arrêta, hésita, puis dit :

« Au fait, je ne sais même plus pourquoi je te raconte tout ça.

— On parlait d'aimer, dit Sophie.

— Ah ! oui... fit Julien, d'aimer... »

Il y eut un nouveau et long silence.

« J'aimerais te voir avant que tu partes, te dire au revoir. »

Il hésita et dit :

« Ecoute, Sophie ! J'ai un moral nul ce soir. Complètement nul. Même moi, je ne me supporte pas. Je te fais toutes mes excuses pour cette soirée, franchement. Laisse passer deux ou trois jours, je t'appellerai de Rochecourbe. Je vais y passer un moment. Rouchy veut que je m'arrête en juillet. Dès la fin de l'enterrement et tout ça, je te rappelle d'accord ?

— J'attendrai, dit Sophie. Je serai là.

— Je sais. Je t'embrasse.

— Bon voyage, Julien. Je t'embrasse, appelle-moi.

— Tu peux y compter, Sophie. C'est promis. »

Il raccrocha tout en soufflant, les yeux écarquillés et les joues gonflées comme quelqu'un qui vient de subir une dure épreuve dont il sort avec une peur rétrospective. Puis il reprit son visage normal. Tapotant son bureau de l'ongle, il dit à voix haute comme s'il se fût adressé à quelqu'un de l'autre côté du bureau :

« D'accord ! d'accord ! Il n'y a pas de quoi être fier... »

Il quitta son bureau en laissant la porte ouverte et la lumière allumée.

Dans l'ascenseur, il tomba sur Vidal qui, sous le néon blanc avait, encore plus que d'habitude, l'air d'un cadavre fraîchement déterré en dépit de son éternel sourire, de son costume gris et de sa cravate club impeccables.

« Salut, dit Vidal, j'ai à t'embrasser de la part de Paul.

— Non ? répondit Julien. Il est toujours vivant ? »

Paul était l'un de ses amis. Chroniqueur fixe d'un journal concurrent il avait été un bel espoir de la littérature dans les années soixante avant de se laisser dévorer par l'alcool et la nuit et de devenir une manière de star intermittente campant aux frontières du cinéma, des livres, de la publicité et du journalisme.

« A peu près vivant, dit Vidal; on a passé la journée dans le Midi pour l'inauguration d'une connerie culturelle... On a pris l'avion ce matin à neuf heures à Orly. Paul est arrivé sans s'être couché, rond comme une queue de pelle, ses dents du fond baignaient encore! On l'a embarqué et il a dormi pendant tout le voyage. A l'arrivée, un car nous attendait; on est montés dans le car. Paul n'a pas moufté, il dormait toujours. Mais figure-toi que ce fou s'est réveillé pendant le trajet. Il se croyait toujours en avion, alors, quand il a vu les arbres il a poussé une gueulante d'enfer et s'est jeté par terre. Il croyait que l'avion se plantait. Ça l'a rendu malade, il a vomi à l'arrivée sur les pieds du préfet et des députés locaux, c'était sublime...

— A part ça? fit Julien sans rire.

— A part ça tu devrais le voir un peu. Il m'a dit que tu ne l'avais pas appelé depuis deux siècles.

— Il va mal?

— Bof! fit Vidal, tout le monde te répondra oui, moi je n'en sais rien. Ça fait tellement longtemps qu'il a dépassé ce que l'on appelle « aller mal »...

— La dernière fois que je l'ai vu, dit Julien, c'était il y a un mois. On était dans un ascenseur après un cocktail. Il m'a embrassé, puis il m'a ouvert le nez d'un coup de tête.

— Ah! dit Vidal peu étonné. Pourquoi?

— Parce que selon lui on n'avait plus le droit d'écrire depuis la mort d'Alexandre Vialatte.

— Il n'a pas tout à fait tort! fit Vidal. On ne peut pas lui en vouloir pour ça.

84

« — Certainement, répondit Julien. Il est à Paris ?

— Non, il partait je ne sais où passer trois semaines. Au Canada, je crois. Il est invité par des universités...

— Je l'appellerai en revenant de vacances.

— Tu devrais, dit Vidal. Salut ! »

Dans la rue, il faisait très chaud. Il n'y avait personne nulle part...

III

MONIQUE SCHEER-CAZALS raccrocha le téléphone et sortit du canapé où elle s'était enfouie pendant sa longue conversation avec Alice Booper.

Elle était petite avec des hanches étroites, un visage lisse, triangulaire aux pommettes hautes et une chevelure épaisse ébouriffée d'un noir profond sans aucun fil blanc. Elle était pieds nus, portait un jean court, un pull en cachemire gris avec une encolure en V. Elle ne possédait rien de ce qui fait en général qu'une femme est belle; elle était pourtant étourdissante. La rencontre heureuse de mille détails voyants, mais pourtant impossibles à répertorier, son air frémissant, quelque chose de clair, d'ouvert, de livré faisaient d'elle quelqu'un d'inoubliable. Monique avait quarante-trois ans, mais il était impossible de lui donner un âge. Trente ou quarante... cela ne dépendait pas d'elle ni de l'heure du jour ou de la nuit; seulement de celui ou de celle qui la regardait. Lorsque le courant passait, ce qui était presque toujours le cas, on la trouvait très jeune. Lorsque le contact ne se faisait pas, cela arrivait

parfois, elle passait alors pour quelqu'un de
« sec » et d'autoritaire, pour une personne sur le
point de vieillir en se desséchant. Elle était
vivace, rapide mais elle donnait en même temps
l'impression d'être très maîtresse d'elle-même,
très « assurée ».

Elle se leva, s'étira — sa poitrine était menue
mais marquée — et bâilla.

La conversation avec Alice l'avait un peu
assommée. Alice, d'un côté, était certaine d'avoir
pris la décision de quitter son travail. Mais de
l'autre elle découvrait chaque jour tellement de
choses qui allaient lui « poser des problèmes »
moraux ou matériels, surtout vis-à-vis de John
son mari, que l'écouter une demi-heure balancer
entre deux décisions était tout simplement éreintant.

Monique s'approcha de sa discothèque, jambes
écartées, mains dans les poches arrière de son
pantalon et se pencha pour choisir un disque.
Elle chantonnait *Moonlight in Vermont*, bouche
fermée, de façon nasillarde et horriblement
fausse. Elle plaça le disque et lorsque la voix de
Louis Armstrong s'éleva, elle cessa de chantonner. Elle resta debout près de la chaîne stéréo,
l'air absent, marquant le tempo d'un léger balancement du derrière. Ella Fitzgerald relayait Armstrong lorsque Mme Bulling, la femme de
ménage, entra dans la salle de séjour. C'était une
forte femme d'environ cinquante-cinq ans au
visage sain, rond et rose, encadré de cheveux
blancs soigneusement tirés. Elle portait une robe
à ramages bleus et blancs, un peu gamine pour

son âge, un chapeau de paille bleu et un sac assorti.

« Voilà ! dit-elle, j'ai fini. »

Monique leva l'index pour lui dire d'attendre une seconde, baissa le son qui n'était pourtant pas très haut et demanda :

« Alors, dites-moi si... »

Elle fut interrompue par la sonnerie de la porte.

« Deux secondes, madame Bulling, dit Monique, c'est sûrement Sally; asseyez-vous. J'arrive. »

Mme Bulling s'assit sur le bord du canapé en regardant sa montre. Il lui restait six minutes pour attraper son bus. Elle souhaitait vivement ne pas le manquer, car, ce soir-là, elle recevait Edmée et voulait à tout prix l'éblouir avec une « blanquette de veau ». Malheureusement, il faut du temps avec la cuisine française pour laquelle Mme Bulling s'était prise de passion depuis la mort de son mari. Chaque jeudi, elle invitait une ou deux amies et testait sur elles ses progrès.

Monique jeta un regard par l'œilleton et ouvrit la porte. Sally s'engouffra comme une tempête dans l'entrée, et jeta en l'air son sac d'écolier en criant : « That's all folks ! That's all ! »

Sally avait dix ans. De traits et d'allure, elle ressemblait beaucoup à sa mère mais ses cheveux, épais et ébouriffés eux aussi, étaient, au contraire de ceux de Monique, d'un blond presque blanc.

« Du calme ! dit Monique. Viens dire au revoir à Mme Bulling. »

Elles entrèrent dans la salle de séjour, Sally se

jeta sur la femme de ménage, qu'elle embrassa sur les deux joues tout en criant :

« Maman et moi, on part pour la France après-demain ! Maman et moi... en France ! C'est merveilleux, non ? On va revoir ce pays et tout ça ! Et mon père aussi ! L'école est finie ! Je suis *ivre* de joie, madame Bulling, *ivre !* li — tté — ra — le — ment ivre de joie ! J'ai ad — mi — ra — ble — ment travaillé à l'école, vous le savez, n'est-ce pas ?

— Sally, s'il te plaît, du calme ! répéta Monique. Mme Bulling a des choses à me dire et un bus à prendre, alors reste ici si tu veux mais tais-toi.

— Entendu, dit Sally comme pour elle-même, mais en vérité j'ai travaillé tout à fait admirablement cette année.

— Seigneur Jésus ! souffla Monique en regardant le plafond. Bon, madame Bulling, je vous écoute !

— Voilà, dit Mme Bulling, c'est très simple. Je ne m'absente que du sept au... »

La sonnerie du téléphone l'interrompit.

« Excusez-moi, dit Monique en se levant, j'en ai pour trente secondes. »

Mme Bulling, avec ostentation cette fois, regarda sa montre en faisant une moue tandis que Monique filait dans sa chambre.

Monique s'assit sur son lit et décrocha :

« Oui ? dit-elle.

— C'est Julien. Tu as cinq minutes ?

— Bien sûr, j'allais t'appeler.

— A cette heure-ci ?

— Comment à cette heure-ci? Tu m'appelles bien, toi?

— Oui, mais normalement je devrais dormir. A Paris, il est...

— C'est vrai! convint Monique. Que se passe-t-il?

— Ecoute, je ne sais pas trop comment te dire ça... enfin... Antoine est mort aujourd'hui.

— Mort? Antoine? Tu dis bien Antoine?

— Oui.

— Un accident?

— Non, il s'est tué, suicidé.

— Suicidé? Antoine?

— Oui », répéta Julien.

Il y eut un bref silence et Monique dit, les dents serrées :

« Reste en ligne. J'ai Mme Bulling à côté qui doit me dire quelque chose d'urgent, je l'expédie et j'arrive. »

Elle posa le combiné sur le lit, bondit dans l'autre pièce et dit :

« Madame Bulling, je suis désolée, j'ai une communication *très* importante, très urgente, si vous voulez je vous rappellerai ce soir et on réglera tout ça par téléphone. Prenez vite votre bus.

— Je préférerais demain matin, dit Mme Bulling en se levant, ce soir j'ai du monde.

— Bien! dit Monique en dansant d'un pied sur l'autre, disons que je vous appelle demain matin à neuf heures.

— J'aimerais mieux un peu plus tôt, répondit, placide, Mme Bulling qui soudain n'avait plus l'air si pressée de partir; à neuf heures je serai en train de faire mes courses, c'est toujours à cette heure-là que j'y vais parce que...

— Ecoutez, coupa Monique, disons que c'est vous qui m'appellerez n'importe quand à partir de sept heures et demie, je ne bougerai pas de l'appartement.

— Entendu, dit Mme Bulling, alors au revoir et bonnes vacances, au revoir ma chérie, dit-elle à Sally, viens m'embrasser. Ça va être si long tout ce temps-là sans toi. »

L'enfant vint dans les bras de Mme Bulling, qui la cajola en murmurant :

« Promets-moi que tu m'écriras.

— Promis ! dit Sally; deux fois.

— Trois fois ! dit Mme Bulling.

— Eh là ! fit Sally. Combien de lignes chaque fois ?

— Quarante !

— Non, trente !

— Trente-cinq ! »

« Seigneur ! pensa Monique. Si ça continue, elles vont se mettre à faire le brouillon tout de suite. » Puis elle dit à voix haute : « Sally, tu raccompagneras Mme Bulling jusqu'à la porte. Excusez-moi, madame Bulling, j'ai une communication longue distance.

— A qui c'est que tu parles ? demanda Sally.

— A qui est-ce que tu parles ? rectifia Monique. A ton père !

— Je veux l'embrasser tout de suite ! hurla Sally.

— Tout à l'heure ! hurla Monique à son tour. Attends ici, je t'appellerai !

— Mais tu m'as dit de raccompagner Mme Bulling jusqu'à la porte ! »

Monique leva les yeux au ciel, respira et dit :

« Tu le fais, puis tu reviens ici, tu t'assieds sur le canapé, tu prends un livre et tu attends que je t'appelle. O.K. ? »

Tout en disant cela, elle coupa la stéréo.

« O.K. fit Sally, mais je préférerais écouter ce disque plutôt que de lire.

— Bien, mon amour, dit Monique, un rictus à la bouche. C'est encore une chance que tu ne veuilles pas que je te cherche un autre disque, n'est-ce pas ? »

Elle tourna brutalement le dos, remit le son et courut vers la chambre en criant :

« A demain, madame Bulling. Merci pour tout. »

Elle s'allongea commodément sur le lit, posa le socle du téléphone sur son estomac, reprit le combiné et dit :

« Je suis là.

— Tant mieux, répondit Julien. Je me demandais si vous étiez en train de refaire le monde ou quoi ?

— Ah ! je t'en prie ! Passe huit jours avec Sally et tu verras comme c'est simple.

— Elle va bien ?

— C'est le moins que l'on puisse dire. Elle est en survoltage vingt-quatre heures sur vingt-quatre. C'est moi qui vais mal, Seigneur ! Je crois qu'elle me pompe le sang. C'est un vampire ! Enfin, tu verras. »

Elle marqua un temps et reprit :

« Dis-moi pour Antoine. Pourquoi ? Comment ? C'est si énorme... je n'imagine pas.

— Il s'est suicidé dans une chambre d'hôtel de Bordeaux, il y a quelques heures. Je ne te l'avais jamais dit, depuis un an il avait un cancer de l'appareil digestif.

— Pourquoi tu ne me l'as jamais dit ? se rebella Monique. Je suis médecin, non ? C'est trop fort ! Il aurait pu venir ici, ici on l'aurait soigné, bon sang ! Je connais tout le monde.

— Il ne voulait pas se soigner.

— Moi, je l'aurais décidé à venir.

— Mais non, Monique ! Et puis il m'avait fait promettre de n'en parler à personne. Il m'a prévenu, il y a trois mois.

— Qui était au courant ?

— Le professeur Fournier et moi. C'est tout. Et peut-être maître Laval, le notaire de Roche-courbe.

— Pourquoi ne m'a-t-il pas prévenue, moi ? demanda Monique irritée. Je ne comprends pas.

— Je le lui ai demandé. Il m'a dit qu'il ne voulait surtout pas te prévenir, toi, pour deux raisons. Il craignait que tu ameutes le monde entier et que tu ne le lâches plus. Ce sont ses propres termes.

— C'est ce que j'aurais fait. Je l'aurais forcé, ce salaud ! » dit Monique en se mettant brusquement à pleurer.

Julien la laissa se reprendre.

« Continue ! dit Monique.

— En plus, il t'aimait beaucoup. Enfin disons qu'il t'aimait... tu le sais bien. Il ne voulait pas que tu sois malheureuse, il savait que tu avais beaucoup d'affection pour lui.

— Le salaud! dit Monique dans un sanglot. Je te jure, Julien, que je l'aurais convaincu. Ici on l'aurait sauvé.

— Non! Tu connais Antoine, tu sais bien que personne ne pouvait le faire changer d'idée lorsqu'il avait décidé quelque chose. Même pas toi! En plus, s'il avait voulu se soigner je te rappelle que Paris n'est quand même pas un bled! Au début, il avait une petite chance. « Une toute petite, lui avait dit Fournier, mais réelle. » Tu vois, il ne m'a rien caché.

— On devrait t'attaquer pour non-assistance! cria Monique! Tu devais faire quelque chose!

— Bullshit! fit Julien. Ecoute, Monique, oublie que tu es médecin! Oublie que les Etats-Unis sont le plus grand pays du monde! La question n'est plus là! La question c'est qu'Antoine est mort.

— Je sais que c'est idiot mais lui je ne le *vois* pas mort, tu me comprends? Tu comprends ce que je veux dire?

— Tout à fait. J'ai du mal, moi aussi, pourtant j'étais prévenu depuis longtemps.

— C'est fou! dit Monique en reniflant. Il y a des gens comme ça qu'on n'imagine pas morts. Ne prends pas ça en mauvaise part, mais toi par exemple — tu es quelqu'un que je peux imaginer mort. Toi, ou Sally, ou Jack ou d'autres. Ça me foutrait complètement en l'air mais je peux imaginer ça, tu vois ce que je veux dire? Même moi, je peux m'imaginer morte, tu comprends? Mais pas Antoine. Antoine c'était... je sais pas moi, je sais que ce que je vais dire est complètement stupide, surtout pour un médecin, mais Antoine pour moi, c'était la force, tu vois, la vie quoi! Quelqu'un d'indestructible. Tout changeait, tout bougeait, lui il était toujours là, au même endroit, toujours le même. Un ange gardien. Il était pur... Tu me comprends?

— Très bien, Monique. Tout à fait...

— Quand je pensais à lui je pensais toujours à ce printemps et à cet été 44... On était de chics gamins. Grâce à Antoine, on avait un peu l'impression de rester toujours quelqu'un de bien, non?

— Tu as raison, oui!

— Ça me fout en l'air, Julien, complètement. Je suis très malheureuse. Très.

— Moi aussi, Monique.

— Plus rien ne sera pareil pour nous, c'est le premier des trois. On est amputés, Julien. Voilà ce que nous sommes maintenant toi et moi : amputés! »

Elle eut une nouvelle crise de larmes.

« Excuse-moi, dit-elle, entre deux sanglots. Je n'ai pas pleuré depuis dix mille ans. Je ne peux pas me maîtriser.

— Laisse faire, laisse faire. »

Il y eut un long silence puis elle demanda :

« On l'enterre quand?

— Lundi.

— Je serai là.

— Je sais.

— J'ai loué la maison, tu sais, sur le plateau...

— Bien sûr que je le sais, Monique, tu me l'as dit. Il y a quinze jours.

— Je ne sais plus ce que je raconte. Tu as eu sa femme ou sa mère ou quelqu'un ?

— J'ai eu sa femme. Glaciale. Ça n'allait plus très fort entre eux, tu sais.

— Ça n'a *jamais* marché ! Ce mariage ! Quelle horreur ! En plus elle nous détestait, toi et moi.

— J'ai eu sa mère aussi, continua Julien sans relever. Elle est... elle est anéantie, tu l'imagines. A son âge ! Mais elle est formidable. Un courage incroyable. C'est la vieille génération, ils étaient bâtis autrement que nous.

— Sally veut te parler. Je vais l'appeler. J'ai une tête à faire peur. Elle va penser Dieu sait quoi...

— Je vais lui expliquer. »

Quelques instants après, il entendit se rapprocher la voix de Sally qui disait : « Je suis là, maman ! je t'aime, tu sais. Tu verras. »

Puis, brusquement, elle s'adressa à lui à voix forte :

« Papa ! Si tu voyais maman. Une fontaine. Elle est complètement liquide ! Moi aussi ! Je me rappelle Antoine, je l'avais vu y'a deux ans à New York. Il était très gentil. Très doux. J'étais gamine mais je me rappelle bien. Il m'avait apporté ce terrible truc, tu sais, pour mettre le soir à la maison, cette espèce de robe d'intérieur brodée qui venait de chez les Arabes ou de Dieu sait où. Tu te rappelles ?

— Oui, très bien.

— Tu te rappelles ? Il m'appelait « mouton d'or » à cause de mes cheveux, il était gentil. Avec ses grosses mains et sa taille, ça me tuait complètement. J'étais très amoureuse de lui. C'était comme un parent, un oncle, enfin je veux dire plus qu'un simple ami...

— Oui, dit Julien. Il va falloir essayer de ne plus y penser, Sally. Il faut que tu penses à autre chose, je crois qu'Antoine serait d'accord avec ce que je te dis. »

Sally suçota sa lèvre inférieure, cela faisait un bruit mouillé dans le récepteur. Puis elle demanda, presque brutalement :

« Papa, si tu avais une très grave maladie, enfin comme celle qu'il avait, un grave cancer, tu ferais la même chose que lui ? »

Interloqué, Julien marqua un temps et essaya de répondre d'une façon entraînante :

« Dieu du ciel, non ! Sûrement pas ! Je guérirais. Je ne voudrais pas te priver du plaisir de te faire attraper par ton père de temps en temps.

— Ecoute, reprit Sally, je parlais sérieusement.

— Moi aussi, Sally. Ce n'est pas parce qu'on n'emploie pas de grands mots qu'on ne parle pas avec sérieux.

— Peut-être bien, fit Sally.

— Dis-moi plutôt comment va Frankie, demanda Julien pour changer de sujet.

— Il va bien. Il n'a pas très bien travaillé cette année, je veux dire pas aussi brillamment qu'il aurait pu mais il va bien.

— Pourquoi n'a-t-il pas bien travaillé ?

— Oh ! c'est toute une histoire, tu sais. Les autres garçons ne l'aiment pas. Ces imbéciles le trouvent prétentieux ! « Prétentieux » ! Je te demande un peu. La vérité c'est qu'il fait un complexe d'infériorité.

— Ah ! bon. Pourquoi ?

— C'est difficile à expliquer. Enfin tu sais que Frankie parle maintenant un anglais impeccable. Vraiment impeccable, mais en un an il n'a pas perdu ce terrible accent de son ancien pays. Pas une miette. Ses parents viennent des fois le chercher à la sortie de l'école. Eux alors, ils ont fait moins de progrès que lui, ils ont un anglais très mauvais. Et puis ils sont habillés... enfin je ne sais pas comment t'expliquer, on les remarque. Sa mère a toujours de ces terribles robes... je sais pas. Il suffit qu'on soit en novembre, en décembre, tu peux être sûr qu'elle aura une robe qui ne va pas du tout pour novembre ou décembre. Ils ne sont pas comme les autres parents. Voilà. Tu vois ce que je veux dire ?

— Je vois, oui.

— Et son père, pareil ! Il a toujours un manteau tout à fait incroyable et des chaussures aussi. Enfin ils sont drôlement fichus. Pas parce qu'ils sont pauvres ni rien, si c'était ça personne ne ferait attention. Mais ils n'ont pas l'air pauvres du tout, ça n'est pas ça. Ils parlent très fort, ils embrassent Frankie quand il sort de l'école comme s'il venait d'échapper à un accident ou à Dieu sait quoi, tu vois ? Enfin... je ne sais pas, moi, par rapport aux autres parents ils ont un comportement très...

— Très quoi ?

— J'en sais rien, moi ! Très campagnard si tu veux. Moi, je les aime beaucoup. Ils sont formidables. Chez eux, c'est meublé n'importe comment avec des choses qu'on ne voit pas ailleurs, des espèces de lustres ou de statues... c'est formidable !

— Ecoute, Sally, tu sais que ce sont des gens qui viennent de l'Est, de Hongrie, c'est un pays très différent des Etats-Unis, ce sont des gens tout à fait épatants et...

— Mais c'est bien ce que je te dis! Enfin c'est ce que je pense! Ce sont les autres à l'école qui ricanent comme des hyènes quand ils voient les parents de Frankie, tu comprends? Moi, ça me tue! Je leur arracherais les yeux. En plus, comme Frankie louche un peu, pas énormément, mais c'est vrai qu'il louche un peu, les autres imbéciles se fichent de lui sans arrêt. Lui, il ne répond rien, il fait comme s'il ne les entendait pas, comme s'il était carrément sourd et aveugle. Alors forcément ça lui donne l'air prétentieux mais la vérité c'est que ça le rend malade. C'est très injuste.

— Je comprends, dit Julien, mais ça s'arrangera l'an prochain. Ce sera une autre classe, ils auront grandi, tout ça, ils trouveront autre chose.

— J'espère, fit Sally, parce que Frankie est beaucoup plus intelligent qu'eux tous réunis. Il devrait être très populaire parce qu'en plus il est chic. Ce sont les autres qui l'obligent à devenir un type très renfermé. Ça me fiche en l'air! L'injustice me fiche en l'air à tous les coups.

— On en parlera bientôt, ma chérie. Je t'embrasse très fort, repasse-moi ta maman.

— Je t'embrasse très fort moi aussi. Il me tarde de te voir. »

Lorsque Monique reprit le récepteur il sentit, à sa voix, qu'elle avait repris le dessus.

« On va raccrocher, tu en as déjà pour une fortune.

— D'accord. Je m'installerai à l'hôtel de la

poste, préviens-moi de l'heure de ton arrivée, j'irai vous chercher à l'aéroport.

— C'est loin, ça ne te dérangera pas trop?

— Ne t'en fais pas, j'aurai tout mon temps.

— Entendu. Merci. Bonne journée alors.

— Je te répète que je vais me coucher.

— C'est vrai. Alors, bonne nuit. Je t'embrasse. Ta vie va bien?

— Elle va. Toi aussi?

— Ça va. Je suis contente de venir à Rochecourbe et de te voir. Je suis toujours contente de ça mais maintenant ce ne sera plus pareil. Il n'y aura plus de déjeuner sous les tilleuls chez Antoine...

— Non, ce ne sera plus pareil.

— Je t'embrasse, Julien, bonne nuit.

— Je t'embrasse, embrasse Sally pour moi. »

Ils raccrochèrent en même temps.

Julien alluma une cigarette et regarda sa montre. Il était onze heures.

Il réfléchit quelques secondes et composa un numéro. On lui répondit aussitôt.

« Marc est encore là?

— Oui. Il s'en va dans cinq minutes.

— Passez-le-moi, s'il vous plaît, de la part de Julien Cazals.

— Je vais voir. »

Il n'attendit pas longtemps. Il eut aussitôt la voix de Marc Leprêtre, sourde, voilée :

« Salut! Qu'est-ce qui se passe?

— On me dit que tu as fini. Qu'est-ce que tu fais maintenant?

— Ce que je fais? Je vais bouffer puis dormir. Comme un prolo! Je mixe depuis neuf heures du matin. J'ai pas déjeuné. Je me demande pourquoi d'ailleurs puisque le film sera pas prêt à temps et que de toute façon c'est une merde. Je vais prendre la grosse gamelle. Je te jure que le lendemain de la sortie je serai un ex-metteur en scène. Y'aura plus un producteur ni un distributeur qui engagera vingt balles sur mon nom ! »

Julien ne s'émut pas. Il avait l'habitude. Marc disait la même chose à chacun de ses films. Pas par coquetterie. Plus il avançait dans la réalisation plus il lui semblait que le film allait être mauvais. C'était un angoissé tout à fait authentique. Mais aussi un enthousiaste forcené au bord de la frénésie. Il était un ami intime de Julien. Ils avaient réussi un beau film ensemble dont Julien avait écrit les dialogues.

« Où bouffes-tu ? Chez toi ?

— Sûrement pas ! Qu'est-ce que tu crois ? Paule est déjà partie en vacances. Pas folle ! Tu crois encore qu'il existe une seule gonzesse qui perdrait trois jours de soleil pour soutenir un mec dans la panade ? Même si ce mec c'est le sien ?

— Arrête de déconner ! Je ne souhaiterais à aucune femme de vivre avec toi. Même pas deux heures. Je sais que c'est toi qui lui as conseillé de se barrer.

— C'est vrai, fit Marc, mais c'était pas une raison pour qu'elle accepte. Bon, qu'est-ce qui se passe ?

— Je me barre demain en vacances, c'est avancé, je veux juste te voir avant de partir, c'est tout et...

— O.K., le coupa Marc. Dans un quart d'heure chez Lipp. Et quoi ? Qu'est-ce que tu voulais dire ?

— Je ne me sens pas bien. Antoine, Antoine Maïllebal, tu sais ? Il s'est flingué !

— Non ?

— Si.

— A tout de suite », fit Marc.

Et il raccrocha.

*

Ils restèrent longtemps à boire de la bière et à parler. Très amicalement. Sur le ton de la « frivolité profonde » qui était devenu celui de leur vie. Ils s'embrassèrent en se quittant. Julien se sentait beaucoup mieux. Réchauffé. La présence et l'amitié de Marc lui étaient indispensables. Sur le trottoir il hésita. Depuis qu'il était séparé de Monique, certaines nuits comme celle-là où il avait un peu d'alcool dans le sang et que la solitude lui faisait peur, il lui arrivait au dernier moment de chercher un numéro de téléphone afin d'aller dormir chez l'une ou l'autre. Parfois, il choisissait d'une façon plus naturelle et légère que cynique, non pas en fonction de la dame mais en fonction du quartier où il se sentait d'humeur à se réveiller le lendemain : rue de Grenelle avec la tour Eiffel et les jardins du Champ-de-Mars où traîne une lumière poussiéreuse et tremblante, rue de Buci avec les trottoirs colorés des éventaires de primeurs, Neuilly vieux arbres et silence de cimetière, rue Saint-Guillaume, jardins de rêve, derrière des portes cochères closes comme des coffres-forts à deux pas des ministères où le moindre passant est au moins sous-secrétaire d'Etat, la butte Montmartre d'où il redescendait dans une trajectoire hésitante et fourbue de touriste égaré en rupture d'autocar...

Il fit la grimace en se rendant compte que son hésitation procédait du pur réflexe. Il n'avait aucune envie de rejoindre quelque femme que ce fût. Il se sentait vieux et faire l'amour ne lui disait rien qui vaille. Il aurait aimé que Monique fût à Paris pour parler de ce printemps 44, de leur enfance... Il aurait aimé avoir envie de courir retrouver Sophie... Il était vide.

Il rentra chez lui, se doucha, se coucha, éteignit la lumière et essaya de dormir. Une demi-heure plus tard, il ralluma la lampe de chevet, incapable de fermer l'œil. Lorsqu'il était enfant sa mère disait souvent : « Je n'ai pas pu fermer l'œil de la nuit. » Comme la pente de Julien le portait déjà à jouer sur les mots, il imaginait sa mère, debout face à un immense panneau noir et qui s'escrimait — comme si elle avait tenté de descendre un store — à tirer en vain une paupière sur un œil immense au regard fixe et dur.

Il essaya de lire. Il ne le put. Il fixa au mur un tableau de Poumeyrol que lui avait offert Sophie. Les objets semblaient sortir de la toile et se mettre en marche vers lui. Il se revit enfant dans sa chambre à Rochecourbe. Il y avait, collée au mur, une grande image en couleurs découpée dans un *Tarzan* d'avant guerre. On voyait le « Roi de la Jungle » entouré de tous ses amis les animaux sauvages s'avancer au premier plan, poings serrés, muscles et tendons tendus, mèche rebelle et regard de feu. A force de fixer l'image, ça ne ratait jamais, Julien réussissait, derrière Tarzan, à mettre en marche l'armée des animaux. Il regardait, avide et émerveillé, passer cet énorme déferlement. On entendait des barrissements, des rugissements, des feulements, les cris aigus des oiseaux et des singes. Une poussière rougeâtre montait de la terre qui tremblait. Peu à peu les traits de Tarzan devenaient flous puis devenaient ceux de Julien. C'est alors lui qui conduisait la meute immense... Derrière lui, elle traversait le village. Les gens calfeutrés chez eux derrière leurs volets tirés regardaient, éblouis, envieux et apeurés, passer la splendide armée qui s'en allait vers la route nationale attaquer le détachement allemand qui campait près du Pont-Biais. Les Allemands étaient taillés en pièces à l'issue d'un combat très dur et le village libéré. Malheureusement, dans l'atroce bataille, Julien perdait Bagheera, la sublime panthère noire empruntée pour la circonstance à Kipling, blessée à mort par une grenade. Toute la population accourait pour leur faire fête. Mais ils ne les regardaient même pas. Julien, en dépit d'une douloureuse blessure à la poitrine qui saignait énormément, prenait Bagheera dans ses bras. Toujours suivi de sa meute ardente mais accablée de tristesse, il traversait la forêt du Ricoussal, le Grand Marais, le bois de Tral Pech et s'engouffrait dans la grotte où allait se tenir — sous l'œil de très belles jeunes filles vêtues de tuniques blanches et portant flambeau — la veillée funèbre de Bagheera. Sur un trône d'ébène incrusté d'or et de diamants, Monique, elle aussi vêtue de blanc, le front ceint d'un diadème, embrassait Julien et le félicitait devant l'assistance recueillie. Antoine, lui, était assis modestement au pied du trône, regrettant benoîtement que sa grippe ne lui eût pas permis de participer à l'aventure. Les animaux avaient entre eux un sourire discret mais entendu : ils savaient que, dans les coups durs, Antoine était toujours grippé. Mais on l'aimait bien quand même. Après tout, tout le monde ne pouvait pas être d'un cœur aussi noble et d'un courage aussi grand que Julien. Et puis il fallait bien reconnaître que la grotte secrète c'était grâce à Antoine et à Black qu'on l'avait trouvée.

*

Black était un petit chien jaunâtre, affectueux, remuant et increvable. Il suivait Antoine partout sauf à l'école. Et comme Antoine était toujours avec Monique et Julien, c'était leur chien à eux trois. Enfin pas au début puisque Monique n'était pas là... Souvent, pendant les heures de classe, Black attendait patiemment la sortie en compagnie de Jeannot. Chaque jour, à trois heures de l'après-midi, Jeannot s'asseyait dans la poussière en face du portail de l'école, le dos calé contre le petit mur de la maison vide qui avait, dans le temps, appartenu à Mme Despaillers. Il s'installait toujours à la même place, si bien qu'à cet endroit les pierres jaunes étaient devenues brillantes, comme vernies par le frottement de sa veste noire raide de crasse. Il posait à côté de lui la grosse boîte de conserve dont il ne se séparait jamais et, sur elle, en équilibre, une baguette de tambour. Ensuite, du front jusqu'à la nuque, à petits gestes précis, presque féminins, il roulait soigneusement son béret de telle façon qu'il finisse par former une calotte tendue comme un casque dans laquelle son crâne oblong s'emboîtait parfaitement sans provoquer le moindre faux pli. Jeannot ramenait alors ses talons contre ses fesses, posait ses coudes sur ses genoux dressés, serrés l'un contre l'autre, laissant inertes ses longs bras allongés mains ouvertes vers le ciel. Et il ne bougeait plus.

Jeannot était idiot. Il avait vingt-cinq ans et en paraissait quinze. Sa mère était depuis longtemps murée chez les fous à Thonac et son père était mort quelques années plus tôt d'avoir avalé une boîte de poison pour les rats au cours d'une crise d'ivresse plus effervescente que les autres. Il était allé mourir tout seul très loin au fond des bois où on ne l'avait retrouvé que quatre ou cinq jours plus tard, à demi dévoré par les carnassiers de la nuit. Depuis, Jeannot vivait avec ses trois frères aînés dans la maison délabrée du Roc Blanc. Il rendait de menus services, gardait les moutons et vivait de charité.

Contre son mur il ne risquait rien, l'auvent du toit le protégeait de la pluie et du soleil. Pas du froid, mais il ne le craignait pas parce qu'il s'était fabriqué un manteau avec des sacs de jute doublés de peaux de lapin, bien tannées et cousues les unes aux autres. En attendant que les enfants sortent de l'école il chantonnait doucement, la bouche entrouverte et le regard vague. Il ne cillait presque jamais. Lorsque des gens passaient ils lui donnaient le bonjour et se moquaient gentiment : « Adieu Jeannot ! T'as pas peur de prendre racine ? » « Adieu Jeannot ! Tu attends le Père Noël ? » « Adieu Jeannot ! Ça mord ? »

Il leur rendait le bonjour mais ne répondait jamais à leurs questions : « Adieu Marcel ! Un peu de pluie, ça aiderait bien le maïs ! » « Adieu Louis ! Il est joli ton cheval. » « Adieu René ! J'ai vu ton tabac dans la plaine, il va être temps de tuer la fleur ! »

Quelques minutes avant quatre heures, il devenait peu à peu fébrile. Il commençait à tripoter son béret puis passait sa main dessous et fourrageait dans sa tignasse; des mèches brunes s'échappaient, raides, cambrées et noires comme des lames de faux, augmentant l'expression devenue inquiète de son visage maigre et blanc sans pommettes. Il calait la boîte de conserve sous son bras gauche, saisissait la baguette de tambour et frappait à petits coups retenus le fond martelé et brillant. Quand Julien sortait de l'école, Jeannot se mettait debout et chantait une chanson de son répertoire, lequel se limitait à *Auprès de ma blonde, Maréchal nous voilà, Quand refleuriront les lilas blancs* et *Les roses blanches*. Julien lui faisait un signe de la main et précédait Jeannot, toujours chantant, sur le chemin de la maison. Dès qu'il passait le seuil, Jeannot allait à la cuisine où il s'asseyait à la grande table, toujours à la même place, posait à terre sa boîte de conserve et sa baguette, demandait à Julien qui s'asseyait en face de lui :

« Tu as bien appris aujourd'hui ?

— Oui, répondait Julien.

— C'est bien ! Il faut apprendre », disait Jeannot d'un ton très paternel.

Et c'était fini. Il s'abîmait alors dans un mutisme total. Mme Cazals arrivait, coupait d'épaisses tartines de pain qu'elle accompagnait selon les circonstances d'une barre d'ersatz de chocolat, de confiture ou de beurre.

Toujours l'un en face de l'autre, Julien et Jeannot mangeaient en silence. Lorsqu'il avait fini, Jeannot se levait, ramassait sa boîte de conserve et sa baguette et s'en allait sans rien dire.

Ce rituel n'étonnait personne dans le village, chacun s'y était habitué. Il remontait à quelques années auparavant. Au début de la guerre, lorsque le père de Julien était parti pour presque aussitôt devenir prisonnier comme des centaines de milliers d'autres, Julien était tombé gravement malade. Une broncho-pneumonie qui l'avait laissé plusieurs jours entre la vie et la mort. La vie l'avait emporté de justesse mais Julien ne parvenait pas à sortir de convalescence. Il semblait avoir perdu tout ressort. Il ne mangeait presque plus. Le médecin ne parvenait pas à trouver de solution et s'inquiétait. Mme Cazals, femme ardente et courageuse, voyait avec terreur son fils dépérir. Un après-midi de printemps, de sa chambre, Julien entendit Jeannot qui passait dans la rue en chantant *Auprès de ma blonde*. Il parut sortir de sa léthargie et dit à sa mère qu'il voulait voir Jeannot. Mais il était trop faible pour se lever. Mme Cazals bondit jusque dans la rue et revint quelques secondes après tenant par le bras un Jeannot effaré, apeuré et protestant à tout hasard de son innocence. Il regarda la chambre, le lit, les murs bleus, s'arrêta une seconde sur l'affiche de Tarzan puis fixant l'enfant, il dit :

« Adieu, petit ! Te voilà malade à présent ?

« — Je voudrais que tu me chantes tes chansons, demanda Julien.

— Ici ? Maintenant ?

— Oui s'il te plaît, maintenant.

— C'est que, fit l'autre décontenancé, c'est pas l'ouvrage qui manque, tu sais ! J'allais chez Gatinel pour lui donner la main, des fois je l'aide et il me fait manger.

— Ecoute, Jeannot, dit Mme Cazals soudain inspirée. Chante un peu ici et après je te donnerai à manger en bas. J'ai de quoi.

— Je chante comme ça, dit Jeannot. J'aime bien chanter mais je suis pas un vrai chanteur. Et puis on a toujours le temps de chanter, mais l'ouvrage, lui, il attend pas ! »

On sentait qu'il répétait ce que ses frères lui rabâchaient à longueur de journée en lui bottant le cul, histoire de l'aider à mieux assimiler les vérités essentielles de l'existence.

« C'est bien vrai, le tranquillisa Mme Cazals, mais ne t'inquiète pas. Je dirai à tes frères que tu ne faisais pas de bêtises, que tu étais ici, et même que tu as mangé ! »

Jeannot se gratta le béret et dit :

« Dites-leur que j'étais ici, mais c'est pas la peine de leur dire que j'ai mangé, ils me donneraient rien le soir. »

Et aussitôt, debout au pied du lit il entonna *Auprès de ma blonde* de toutes ses forces. Sa voix résonnait sur les murs, dégringolait les escaliers et s'envolait par la fenêtre ouverte, faisant lever le nez aux rares passants étonnés.

Une heure plus tard, Jeannot et Julien mangeaient ensemble des tartines. Jeannot revint chaque jour.

Une semaine plus tard, Julien se levait. Un mois après, il était guéri.

Mme Cazals avait les pieds sur terre et sa nature profonde ne la portait guère à croire aux choses qu'elle ne comprenait pas, mais la résurrection de Julien l'avait troublée.

« C'est un vrai miracle ! avait-elle dit un jour au docteur Périlhou qui passait encore régulièrement contrôler les progrès de Julien. Je ne crois pas à tout ça, pourtant, là, il faut bien avouer...

— Un miracle, je ne sais pas, avait répondu Périlhou. Ce qui est sûr c'est que c'est Jeannot qui a guéri Julien et pas moi. Vous voyez, il y a encore des choses qu'on ne comprend pas en médecine. »

Plus tard, beaucoup plus tard, Mme Cazals, femme tenace, avait essayé de faire parler son fils. Elle voulait qu'il lui expliquât, à elle, le pourquoi et le comment. « Qu'est-ce que ça t'a fait de l'entendre chanter ? Dis-le-moi. Rien qu'à moi. Tu sais bien que je ne le répéterai à personne. »

Mais Julien n'avait jamais su quoi répondre. Il gardait au fond du cœur le souvenir de cette émotion qu'il ne s'expliquait pas. A l'instant où, de son lit, il avait entendu s'élever la voix de Jeannot quelque chose avait craqué, s'était ouvert en lui, quelque chose qui l'avait changé et qui faisait que plus rien ne serait jamais pareil.

Plus tard, la compagnie de Jeannot était devenue une simple habitude qui n'avait plus de lien réel et direct avec cette première émotion. Elle restait en lui comme un souvenir assoupi mais il pouvait le réveiller à volonté; alors des larmes lui

montaient aux yeux. Cette voix l'avait tiré du fond
d'un puits d'où il n'avait pas envie de remonter.
Pourquoi ? Il n'en savait rien. Il l'avait plus tard
avoué à Monique. Elle l'avait écouté, sérieuse, et
lui avait répondu :

« Je comprends. Je comprends très bien. »

Elle comprenait toujours tout.

*

Monique n'était pas arrivée seule au village.
Pendant des jours, ce fut comme une invasion.
Des étrangers, par familles entières, habitèrent
soudain Rochecourbe. Il n'y eut bientôt plus une
seule maison libre à plusieurs kilomètres à la
ronde. Certaines familles s'entassaient à plusieurs dans une seule maison.

C'étaient des gens avec d'étranges accents et
des noms plus étranges encore : ils s'appelaient
Wendling, Scheer, Apsel, Gold, Detter, Gurst,
Sadler, Apelgot, Vogelhot, Rikowsky...

Cahin-caha les mères de famille de Rochecourbe expliquèrent à leurs enfants que ces
gens-là étaient alsaciens, ou juifs. Et que ceux qui
s'appelaient Michaudel, Ferry ou Vayssières
étaient du Nord ou de Paris.

Juif ! Ce mot nouveau était tombé sur les
enfants de Rochecourbe. Ils demandaient à leurs
parents ce que c'était « exactement », un juif. Les
parents n'en savaient rien. Ils avaient répondu de
façon pragmatique en disant que les juifs étaient
des gens comme les autres sauf que les Allemands les détestaient et que c'était un malheur

d'être juif parce que les Allemands étaient bien capables de les tuer, mais que c'était comme ça.

« Et les Alsaciens ? avait demandé Julien à sa mère.

— Les Alsaciens, c'est pas pareil, les Allemands ne les détestent pas, au contraire. Ils voudraient que leur pays fasse partie de l'Allemagne.

— Moi, je vois pas la différence, avait dit Antoine qui était là. Ils ont tous des noms et des accents presque pareils. Par exemple René ? Il est juif ou alsacien ?

— Quel René ? avait demandé Mme Cazals.

— René Sadler pardi ! Y'a pas d'autre René.

— Il est alsacien.

— Alors il risque rien ?

— Non... enfin je ne crois pas.

— Et Monique, avait demandé Julien, Monique Scheer qui habite... tu sais, dans l'ancienne maison de Mme Desplats ?

— Elle, elle est juive.

— Ah ! avait fait Antoine. Elle alors, elle risque ?

— Oui.

— C'est pas juste ! avait crié Julien, y'a pas de raison ! »

Mme Cazals les avait chassés :

« Vous m'embêtez avec vos questions. Ce n'est pas des affaires d'enfants. D'ailleurs, les enfants ne risquent rien. Les Allemands ne s'intéressent qu'aux grandes personnes. Et vous, ne vous occupez pas de la guerre. Vous êtes trop petits. La guerre ça ne vous regarde pas. »

Julien et Antoine trouvaient tout de même que la guerre les regardait. Leurs pères étaient prisonniers et puis maintenant le village tout à fait envahi par les réfugiés...

Au début, il y avait bien eu quelques bagarres. Ces nouveaux accents faisaient rire. Et ces noms « à coucher dehors avec un billet de logement » comme disait Delpeyroux, le fossoyeur-cantonnier. Et puis très vite tout s'était arrangé. Ça avait été finalement plus long avec les « Parigots têtes de veaux, Parisiens têtes de chiens ». Mais après quelques mois tout était rentré dans l'ordre. Et même avant, pour Antoine et Julien, puisqu'ils étaient devenus les amis intimes de Monique, une fille pas comme les autres. Petite, frisée comme un mouton noir, elle était toujours punie en classe parce qu'elle ne cessait pas de parler et de faire des singeries dès que M. Sauvage, l'instituteur, avait le dos tourné. La classe tout entière riait. Pour être marrante elle était marrante ! Mais le plus drôle c'est qu'elle était aussi la meilleure. Et la meilleure en tout. Elle dérangeait l'univers de Julien et d'Antoine jusqu'alors persuadés que les bonnes notes ne pouvaient récompenser que les élèves silencieux, ordonnés et propres. Monique leur ouvrait des perspectives tout à fait nouvelles et pour ainsi dire inespérées.

Elle était toujours rieuse, disponible et prête à toutes les bêtises, toutes les expéditions, tous les dénichages. Elle courait et grimpait comme les garçons, se battait comme eux, ne pleurnichait jamais...

Ils sortaient de l'école, elle courait jusque chez elle et disparaissait une demi-heure. Ensuite, ça ne ratait jamais, elle arrivait chez Julien qui habitait la maison la plus proche de la sienne. Julien surveillé par sa mère se battait contre ses devoirs avec une résignation de ruminant. Monique disait : « Je t'attends. Dépêche-toi » et sortait s'asseoir dehors sur le banc.

Au bout de quelques jours, Mme Cazals lui avait un soir dit perfidement :

« Tu sais, ma petite Monique, tu devrais faire tes devoirs. Ça ne me regarde pas, tes parents font comme ils veulent, mais ils doivent avoir beaucoup de soucis et tout ça... ils n'ont peut-être pas le temps de t'aider... Mais tu dois faire tes devoirs si tu veux avoir un métier un jour. »

Monique avait éclaté de rire.

« Mais je les fais mes devoirs. J'ai fini.

— Il n'y a pas une demi-heure que tu es sortie de l'école.

— Il faut pas si longtemps ! Pour ce qu'il nous donne à faire, M. Sauvage ! Vous auriez vu dans mon école avant à Nancy c'était drôlement plus dur !

— Mais tu étais dans la même classe que maintenant.

— Oui, mais moi, je vous dis que c'était plus dur. A Nancy, j'étais jamais première, ça non. Et pourtant je travaillais plus qu'ici.

— Ah ! avait fait Mme Cazals pincée. Il faut croire que vous êtes plus intelligents par là-bas que nous par ici.

— J'en sais rien, avait répondu Monique tout à fait à l'aise, mais y'a sûrement quelque chose. »

Le soir même, c'était près du grand marais, ils étaient assis tous les trois avec Antoine dans la menthe sauvage. Julien avait demandé :

« C'est vrai que t'étais pas première dans ta classe à Nancy ?

— Non, avait répondu Monique gentiment. A Nancy aussi j'étais première. J'ai toujours été première.

— Ah ! bon, avait fait Julien soulagé.

— Alors pourquoi t'as dit ça à la mère de Julien ? avait continué Antoine.

— Je sais pas, avait fait Monique en secouant ses cheveux. Des fois j'aime bien mentir. Des fois j'ai pas envie. Ça dépend des gens qui me parlent.

— Et à nous t'aimes mentir ? » avait demandé Julien.

Elle les avait laissés un moment dans le doute puis elle avait répondu en fixant l'eau :

« Non, pas à vous. A vous, je ne mentirai pas. Je mentirai aux autres parce que j'aime bien, mais à vous je ne mentirai pas !

— Pourquoi ? »

Elle avait levé les mains en les agitant :

« Parce que je le dis ! Parce que vous êtes gentils ! Parce que vous êtes mes copains ! Parce que je vous aime bien ! Voilà pourquoi ! Je vous ai choisis comme amis. J'aurais pu choisir Roger ou Paul ou Jacques ou Dieu sait qui ! C'est vous que j'ai choisis ! Voilà pourquoi ! C'est simple ! Vous êtes embêtants avec vos questions à la fin ! »

Elle s'était levée, avait regardé les deux garçons puis le marais et dit d'un air sévère, les deux mains sur les hanches :

« Si ça se fait, vous ne savez même pas nager ? »

Ils avaient rougi et piqué du nez.

« Je vous ai demandé si...

« — Non, on sait pas nager, l'avait coupée Antoine. Et alors ? Qu'est-ce que ça peut faire ? »

Négligeant la question, elle avait répondu le regard fixé sur l'eau :

« Bon, je vais m'occuper de ça. Ce que je peux vous dire c'est qu'avant le 14 juillet vous saurez nager.

— Ça m'étonnerait, avait grogné Antoine.

— Ça me ferait bien rigoler, avait dit Julien.

— Moi, ça ne m'étonnerait pas, avait dit Monique. Même deux ballots comme vous, je peux leur apprendre. »

Dix jours après les premières grosses chaleurs, Antoine et Julien savaient nager, et tous les quatre, avec Black, ils traversaient l'étang chaque jour de la rive aux roseaux où les poules d'eau les accueillaient sans effroi mais d'un regard hostile et vipérin du haut de leurs cous tendus... Les jours coulaient harmonieux sous le climat exquis des affections grandissantes.

Au début de son séjour, Monique, qui entre autres savoirs merveilleux, parlait l'anglais, avait expliqué aux deux garçons que « Black » signifiant « noir », ce nom était étrange pour un petit chien aussi jaune que celui-là. Ils avaient essayé de le baptiser « Yellow »; mais, imperméable aux beautés du mot juste, le chien n'obéissait jamais à son nouveau nom. Il était déjà trop enraciné dans ses habitudes pour s'encombrer l'oreille. Il resta « Black » mais lorsqu'ils l'appelaient les garçons avaient le demi-sourire entendu de ceux qui savent...

C'est à la fin de cet été 1943 que Black, à son corps défendant, trouva la grotte. Traquant une musaraigne, il disparut dans un trou avec un cri étonné d'abord, apeuré ensuite. Les enfants l'entendaient aboyer et ces aboiements venant de sous la terre leur faisaient un peu peur en même temps qu'ils les excitaient. Ils dégagèrent l'entrée du trou et virent aussitôt que passé les cinquante premiers centimètres il s'élargissait sur une caverne rocheuse où, trois mètres plus bas, ils distinguaient Black, tache claire qui s'agitait avec frénésie. Antoine et Julien laissant Monique en sentinelle filèrent au cimetière où, dans la cabane de Delpeyroux, ils volèrent sans la moindre hésitation les deux cordes qui servaient d'ordinaire à descendre les cercueils au fond des tombes.

Un quart d'heure plus tard, les enfants émerveillés étaient dans la grotte. Ils n'en visitèrent qu'une petite partie, remettant au lendemain — lorsqu'ils auraient trouvé de quoi s'éclairer — le bonheur de la reconnaître tout entière.

Jusqu'à la rentrée des classes, ils passèrent leur temps à aménager leur repaire. Ils volèrent tout ce que l'on pouvait voler en cette époque de pénurie : couvertures et aliments disparates, bougies, huile pour faire des lumignons... Ensuite, tandis que Monique se chargeait d'une décoration générale à base d'écorces, de branches, de blé, d'orge et d'avoine, les deux garçons fabriquèrent une table et des étagères afin de placer des livres et quelques objets auxquels ils tenaient. La surface n'étant pas comptée, ils choisirent chacun une « chambre ». Mais ils se tenaient le plus souvent tous les trois ensemble avec Black (auquel deux raclées appuyées avaient fait comprendre qu'il était interdit d'aboyer ici) dans la grande salle. La découverte de cette grotte augmenta leur amitié du ferment de la complicité.

A la rentrée, ils se mêlèrent assez peu aux autres élèves, participant du bout du pied à leurs jeux. La guerre s'éternisait. Rochecourbe n'en recevait que les échos assourdis mais on sentait, à une façon qu'avaient les gens de se parler, que les choses n'allaient pas bien et que l'avenir n'était pas rose.

Un matin de novembre vers dix heures passa en bas, sur la route nationale, une longue colonne allemande. De l'école qui surplombait la vallée les enfants, massés derrière les fenêtres, regardèrent pendant plus d'une heure, silencieux, défiler les soldats, les tanks et les camions verts. Les petits réfugiés avaient déjà vu des Allemands, les petits Rochecourbais jamais. Lorsque la colonne disparut ils revinrent s'asseoir en jacassant. M. Sauvage réclama le silence. Il fit comme s'il allait tenir un discours, hésita quelques secondes puis dit :

« Rentrez chez vous, l'école est finie pour ce matin. »

Il avait soudain l'air vieux et fatigué...

C'est le lendemain que M. Scheer, le père de Monique, se mit à travailler à la scierie.

Les enfants étant toujours les uns chez les autres, les parents avaient fini par se connaître eux aussi. Julien aimait beaucoup M. Scheer. C'était un homme blond, grand, toujours gai, toujours en train d'essuyer ses lunettes et de plaisanter avec sa femme, qui était petite avec des cheveux noirs et frisés comme ceux de Monique. M. Scheer avait vécu longtemps en Amérique. Il racontait souvent ses voyages à Julien qui l'écoutait avec beaucoup d'avidité. Il était ingénieur en électronique mais il n'en avait pas l'air fier pour autant.

« Il faut qu'il ait des papiers en règle et tout ça, avait expliqué Mme Cazals à son fils, c'est pour ça qu'il travaille à la scierie. »

Julien trouvait injuste qu'un homme comme M. Scheer soit obligé, parce que c'était la guerre, de faire un travail que n'importe qui aurait pu faire. Ce travail consistait surtout à porter des planches à la scieuse et à les passer à Lescaminade qui, en l'absence de M. Cazals, était devenu le chef de la scierie. C'était un grand imbécile parlant haut et — Julien l'avait bien remarqué — qui se plaisait à ordonner les travaux les plus durs à M. Scheer. Pourtant, M. Scheer gardait toujours le sourire et ne se plaignait jamais. Mais les autres ouvriers avaient dit un jour à Lescaminade « que ça allait bien comme ça et que s'il continuait à faire chier Marcus — c'était le prénom de M. Scheer — ils lui casseraient la gueule bel et bien ».

Monique avait rapporté ça à Julien. Elle avait entendu son père le raconter à sa mère. Julien se sentait mortifié comme s'il avait été un peu responsable de la méchanceté de Lescaminade.

« Ne t'en fais pas ! lui avait dit Monique, mon père s'en fout de Lescaminade, il est même drôlement content de pouvoir travailler. Il me l'a dit. Il dit que lorsqu'on a des papiers en règle et tout on ne risque rien des Allemands.

— Qu'est-ce que ça peut faire ? Y'a pas d'Allemands ici.

— Ils viendront, dit Monique.

— Comment tu le sais ?

— Je ne le dis qu'à toi et à Antoine : mon père croit que les Allemands viendront ici, qu'ils iront partout dans toute la France.

— Quand ?

— Je ne le sais pas.

— Qu'est-ce que vous ferez s'ils viennent ?

— Rien.

— Comment rien ?

— Rien, je te dis ! Où tu veux qu'on aille puisqu'ils seront partout ?

— Ils ne te feront rien. A toi, ils ne te feront rien ! » Julien avait crié parce qu'il n'osait pas poser la question qui l'étranglait.

Ils étaient assis sur le banc devant la maison. C'était le soir, il commençait à faire froid. Monique avait passé son bras sur les épaules de Julien et lui avait dit à l'oreille :

« Ne t'inquiète pas. Tout ça passera. Moi, je resterai toujours ici avec vous. »

Elle avait toujours eu ce don de rendre sacré, quand elle le voulait, le moment où l'événement le plus quelconque...

*

Julien se leva, alla à la cuisine et se servit un verre de whisky allongé d'eau. Puis il revint dans la salle de séjour, remit le disque de Miles Davis sur la platine, et marcha jusqu'à la fenêtre. La nuit était calme. Un garçon et une fille parlaient à mi-voix au bord du trottoir. Puis le garçon monta, l'air furieux, dans la voiture et démarra. La voiture disparut au coin de la rue. La fille traversa la rue vers l'immeuble d'en face. Lorsqu'elle passa sous le réverbère, Julien remarqua qu'elle était belle et qu'elle souriait.

Il souriait lui aussi, complice, en revenant s'asseoir sur le canapé.

IV

Jusqu'au mois de mars 1944, les maquisards s'étaient comportés plutôt comme des exilés à l'intérieur de leur propre pays que comme des conquérants. Ils vivaient plus dans les imaginations que dans la réalité quotidienne. Dans les villages, aux veillées, on parlait à voix basse en regardant mourir le feu de « forces importantes et bien armées, entraînées par des parachutistes américains et anglais, massées dans la forêt de Cublac ». On en parlait comme on parle des choses lorsqu'on veut qu'elles arrivent : avec une ferveur d'autant plus forte qu'elle ne repose sur aucune réalité.

C'est le 14 mars au soir — il avait plu toute la journée — que pour la première fois à Roche-courbe on entendit des coups de feu d'armes automatiques. Des Allemands qui patrouillaient sur la route nationale — ils s'étaient installés depuis peu dans tous les centres importants et tenaient les grands axes de communication — se trouvèrent nez à nez avec quatre maquisards en transit. Ils furent aussi surpris les uns que les autres mais les Allemands, mieux rompus à la guerre, réagirent les premiers, tuant un Français, qui n'était pas de la région, sans de leur côté subir la moindre perte. A Rochecourbe, personne ne mit le nez dehors, chacun se terra dans sa maison mais les conversations allèrent bon train : « C'est le maquis de Cublac qui est descendu. »

« Le maquis de Cublac », fantôme bien-aimé, fit toute la soirée bouillir et déborder les imaginations... On parla cette nuit-là des vingt, trente, voire quarante mille hommes retranchés dans une manière de vaste camp de César au milieu des châtaigniers. Ils étaient organisés comme une « vraie armée, avec un matériel très moderne : canons de 105 sous coupole, tanks et, tant qu'on y était, avions, aérodrome, hôpital souterrain, ambulances, service d'intendance... Quelques-uns, qui gardaient la tête froide et le sens du réel, avaient beau examiner les impossibilités techniques qui rendaient incroyable l'existence de cette fabuleuse armée, ils n'arrivaient pas à entamer les certitudes.

Parce que cette terre du Sud était alors une terre de légendes, une terre de conteurs, de « parleurs » où le paysan le plus sordidement réaliste dans le quotidien devenait, pour peu qu'il se retrouvât désœuvré, un puits insondable d'images et de mots. Le réel était le petit terrain des actes, le rêve celui du verbe, le second, beaucoup plus vaste que le premier. C'était un continent. Les grand-mères tricotaient plus de fables que de leçons de morale de telle sorte que depuis toujours le pays vivait dans deux mondes distincts : celui, pendant le jour, d'un labeur acharné sur un

sol difficile et celui, au coucher du soleil, des évasions sans limites, balisé et rendu presque palpa-
ble par les rescapés de quelque Tonkin, de quelque Afrique, ou plus simplement par d'ordinaires
revenants, coupeurs de bois dans la forêt, dont le
labeur avait été selon eux largement enjolivé par
d'étonnantes nuits peuplées d'apparitions étranges.

Tout cela avait contribué à établir une race pré-
cautionneuse, épargnante de ses sous, mais peu
avare de ses émotions et paradoxalement capable
de regarder la mort en face tout en regrettant ce
qu'il en coûtait. C'était un pays d'attentes folles
et vagues, donc d'inventions sans frontières, une
nébuleuse enfantine que l'invasion des refrains et
des images extérieures n'avait pas encore violée.

Produits d'un imaginaire débridé et de dures
tensions matérielles, d'un terroir et de conditions
de vie singulières et pauvres, les enfants de ce
pays étaient heureux mais d'une façon qui ne ressemblait en rien au bonheur ordinaire : c'était un
bonheur d'être trop sensibles, un bonheur peuplé
à la fois d'une espérance d'ailleurs et d'une
angoisse sourde comme une nappe souterraine
affleurant les journées les plus ordinaires, un
bonheur qui n'avait pas de nom...

Le lendemain, au lever du jour, ce fut l'amère
réalité : le village grouillait non pas des fantômes
guerriers de Cublac, mais d'Allemands que l'insomnie et la peur rendaient nerveux, cassants et
brutaux. La vie quotidienne pourtant ne s'arrêta
pas et chacun eut le droit d'aller à ses occupa-
tions. Les Allemands se contentèrent de vérifier
toutes les cartes d'identité. Le soir venu, ils restè-

rent une centaine à camper au bord du village dans le pré communal bordé de platanes. Avant la nuit une dizaine d'enfants s'approchèrent et s'assirent sur le muret pour les regarder. Ils revinrent chez eux à la nuit en riant, les mains pleines de gâteaux secs. Ils durent promettre à leurs parents de ne *plus jamais* s'approcher du campement. Ils promirent. Monique, Antoine et Julien étaient parmi les dix. Le 15 mars tous les Allemands se retirèrent, le village respira.

Mais le lendemain, à deux kilomètres de Rochecourbe, à Clavel, un événement grave se produisit : quatre miliciens furent tués par les maquisards, qui enlevèrent Mme Lajoinie, la femme du chef départemental de la milice. Clavel était un lieu-dit, à un kilomètre du village, où se dressait, massive et austère, la maison des Lajoinie, une vieille famille de notables. On y était magistrat, médecin, sénateur, à l'exception de Paul qui, ayant échoué dans ses études puis dans diverses tentatives de percées politiques parisiennes, était revenu au pays quelque peu aigri et animé par une haine farouche de cette République qui ne reconnaissait pas ses mérites. La guerre fut sa chance : d'ancien figurant chez de la Rocque il se retrouva commandant d'une cohorte de Darnand.

Voulant réagir de manière spectaculaire à l'occupation de Rochecourbe, les maquisards tentèrent le 16 mars de faire un sort à Paul Lajoinie. Mais il était absent lorsqu'ils arrivèrent à vingt, fortement armés. N'ayant pas trouvé Lajoinie, ils enlevèrent sa femme après avoir tué les quatre miliciens qui veillaient sur elle. Opération éclair.

Le lendemain, les miliciens, Paul Lajoinie à leur tête, envahirent le village et tous les hameaux voisins. Une proclamation fut lue dans tout le canton : si Mme Lajoinie n'était pas libérée, des représailles très vives seraient organisées sur la population.

C'est à partir de ce moment-là que pour la première fois de leur vie les habitants de Rochecourbe prirent conscience que la guerre n'était pas un phénomène plus ou moins lointain dont parlait la radio officielle ou Radio Londres. Brusquement la peur et la nervosité furent dans l'air. Les gens parlaient moins ou plus du tout. Les enfants du pays, eux, étaient fascinés. Enfin, il se passait chez eux « des choses graves ». Et la ligne frontière entre eux et les « réfugiés » exista de nouveau. Car les réfugiés, eux, avaient déjà vu les Allemands, des villes et des villages occupés, entendu l'écho de batailles : ils connaissaient la tension de la guerre.

Depuis des mois qu'ils vivaient à l'abri dans le Sud ils avaient fini par oublier leurs anciennes angoisses. Elles renaissaient; ils savaient — conversations surprises au fil des nuits entre leurs parents — qu'ils n'avaient pas les moyens de fuir une seconde fois.

Les rapports entre Monique, Julien et Antoine, pourtant ne changèrent pas. Ils passaient chaque jour de longs moments dans la grotte. Monique était toujours aussi gaie et pétulante.

Le 20 mars, il y eut près du château de Beauregard un nouvel accrochage où les miliciens laissèrent trois hommes morts et les maquisards deux.

Le 21, l'atmosphère se tendit encore : sans

motif apparent M. Lignel, un cultivateur, et M. Herscu, un juif roumain, qui travaillaient dans les champs, furent arrêtés par les miliciens, conduits à Clavel. Là on les enferma dans une étable et on les fouetta avec une telle violence que leurs familles durent venir les chercher : ils ne pouvaient plus marcher ni même bouger. Ce soir-là, quatre communistes et deux familles juives quittèrent le village.

Le 22, la milice réagit devant ces fuites et arrêta sept hommes, un supposé communiste et six juifs. Ils furent relâchés le soir même. Tous étaient terriblement marqués. Ils avaient été frappés avec beaucoup de sauvagerie « par un seul homme, précisèrent-ils : un milicien mulâtre ». Le père de Monique n'avait pas été arrêté.

Le 23 mars, à dix kilomètres de Rochecourbe, un paysan retrouva le cadavre de Mme Lajoinie à la lisière d'un bois.

Chacun s'attendit au pire mais, étrangement, il ne se passa rien. Le lendemain, eurent lieu les obsèques, dans un grand déploiement de forces. A l'issue de la cérémonie M. Lajoinie traversa la place, entra dans la mairie et dit au maire sans émotion ni colère apparentes :

« Vous ne verrez plus ici ni mes hommes ni moi-même. Mais vous allez recevoir la visite des Allemands. Vous l'avez voulu. Eux sauront vous parler et vous dresser comme il convient. »

Il tourna les talons, monta dans sa voiture et disparut.

Ce fut alors l'éclaircie. Pendant quelques jours, le village reprit son train-train. Pas d'Allemands,

plus de miliciens et plus aucune action de maquisards.

C'est dans cette paix retrouvée que Monique, en
fin d'après-midi, arriva en retard à la grotte où
l'attendaient Julien et Antoine.

Elle portait un sac à dos et elle était très pâle.

« Qu'est-ce que tu as ? » demanda Julien.

Elle ne répondit pas. Elle alla dans sa
« chambre », posa son sac à terre, l'ouvrit et sortit ce qu'elle avait empilé : une couverture, des
pull-overs, des chaussettes, une paire de chaussures montantes d'avant guerre en vrai cuir, deux
pantalons, un blouson et de la nourriture : du
faux chocolat, du pain, du sucre, une brosse à
dents et du savon. Quand elle eut fini elle se
redressa et dit en regardant les deux garçons :

« C'est pour vous. C'est tout ce que j'ai. »

Puis elle pencha la tête en avant et ôta un petit
sachet qui pendait à son cou, retenu par un lacet
de chanvre, et ajouta : « Et ça aussi, c'est pour
vous. »

C'était un sachet en peau de chamois fermé par
un fil d'aluminium, à peu près du même volume
qu'un paquet de cigarettes.

« Qu'est-ce que c'est ? Qu'est-ce qui se passe ? »
demanda Antoine.

Ils ne savaient rien mais pressentaient quelque
chose de grave. Et même le pire : Monique allait
partir...

« Les Allemands vont arriver demain ou après-
demain, ils vont arrêter tous les juifs. Ils vont
tous nous arrêter.

— Qui c'est qui t'a dit ça ? demanda Antoine le

plus légèrement possible, comme s'il venait d'entendre un mensonge ou une grosse bêtise.

— C'est des blagues, ajouta Julien. S'ils sont partis, c'est pas pour revenir, ma mère m'a dit... »

Monique le coupa, son regard était noir :

« Je le sais ! »

Puis elle tapa du pied et cria :

« Je vous dis que je le sais ! Ils vont nous arrêter, nous, les juifs, et nous déporter...

— Qu'est-ce que ça veut dire déporter ? demanda Antoine.

— Ça veut dire arrêter et mettre dans un camp de prisonniers à Paris ou je ne sais où dans le Nord.

— Pas les enfants ? demanda Julien dont la voix tremblait.

— Mon père dit que... hésita Monique. Il dit que les enfant... » Elle hésita encore, ne finit pas sa phrase et reprit plus haut : « Mon père et ma mère veulent que je me sauve. Ce sont eux qui m'ont donné tout ça — elle fit un geste vers ce qu'elle avait déballé sur le sol — mais je ne me sauverai pas. Je resterai avec eux. J'ai décidé comme ça. Alors je vous donne tout. C'est à vous. »

Et elle jeta le petit sachet sur la couverture.

« Qu'est-ce que c'est ? demanda Antoine.

— Je ne sais pas. Ils m'ont dit de ne l'ouvrir que si j'avais besoin d'argent pour manger ou pour... je ne sais pas. De ne jamais dire que j'avais ça, de ne jamais en parler à personne. »

Les deux garçons ne trouvèrent pas une seule seconde anormal que Monique leur en ait parlé. Ils étaient arrivés à un tel état d'amitié, de complicité qu'ils avaient le sentiment non formulé, mais tout à fait vivace, de ne former qu'un seul bloc.

« Ça doit être de l'or ou un machin comme ça, fit Antoine. Si ça vaut des sous et que ça pèse pas lourd, c'est forcément de l'or.

— Forcément ! dit Julien.

— Cache-le quelque part dans la grotte, fit Antoine.

— Cache-le toi-même si tu veux, je vous dis que c'est à vous. Je ne me sauverai pas, je resterai avec mes parents. »

Antoine se baissa, saisit le sachet, le fit sauter dans sa main et dit :

« On va le planquer tous les trois.

— C'est ça, approuva Monique, tous les trois. »

Aussitôt, ils oublièrent la guerre, leurs angoisses, toutes les questions sans réponses et les menaces qui planaient sur leurs têtes. Pendant une demi-heure, ils ne furent plus que trois enfants en train de jouer. Ils trouvèrent une anfractuosité profonde dans la « chambre » qui était celle d'Antoine et qui leur parut la meilleure cachette possible. Il fallait un bras long et mince, un bras d'enfant pour aller jusqu'au fond. Antoine déposa le sachet et ils le recouvrirent d'éclats de calcaire et de silex.

« Voilà, fit Antoine. Maintenant, on sait qu'on a ça. »

Ils revinrent au village en se promenant.

« Qu'est-ce qu'ils voudraient que tu fasses exactement, tes parents ? demanda Julien.

— Que je me cache toute seule ou que quelqu'un d'autre me cache dans une maison tant que les Allemands seront là. Après, ça dépendra. S'ils ont fait mes parents prisonniers, je dois appeler en Amérique où est la sœur de mon père. Je sais l'adresse par cœur. Sinon... je reviens avec mes parents.

— Personne t'aidera ! dit Antoine. Les gens ils peuvent cacher, je ne sais pas, moi, des maquisards ou des parachutistes ou je ne sais pas quoi, mais ils ne le feront jamais pour un enfant.

— Pourquoi ? demanda Monique.

— J'en sais rien ! avoua Antoine. Je sais pas pourquoi. Tu vois, ma mère elle est très gentille, elle a trouvé du travail pour ton père, pour d'autres aussi. Je suis sûr qu'elle cacherait un homme, je veux dire un maquisard, elle aime vraiment pas les Allemands, ça je peux te le dire, pourtant, je ne suis pas sûr qu'elle le ferait pour toi !

— Chez moi c'est pareil ! » approuva Julien.

Ils réfléchirent un moment et Monique laissa soudain tomber rageusement :

« Mes parents le savent que personne ne m'aiderait. Ils m'ont dit que maintenant tout le monde aurait peur de rendre service à un juif, même à un enfant. Et que bientôt tout le monde aura peur même de parler à un juif.

— Pas nous ! dit Antoine.

— C'est ce que dit mon père. Il n'y aura que vous. »

Sur l'instant ils furent flattés et se sentirent très courageux. Antoine revint le premier sur terre :

« Tu leur as dit pour la grotte ! Je suis sûr que tu leur as dit ! »

Il avait un ton sévère.

Elle le regarda en face.

« Oui, je le leur ai dit. Ils savent que personne n'est au courant. Ils veulent que je reste là. Que vous me cachiez. Ils disent que personne ne soupçonnera des enfants. »

La révélation fit tomber un long silence. Ils réfléchissaient. C'est encore Antoine qui réagit le premier :

« Ils ont raison, tes parents. Ils sont drôlement malins. Et si on allait lui parler, à M. Scheer ? demanda-t-il en se tournant vers Julien. Il pourrait nous donner des conseils, nous aider...

— Non ! coupa Monique. Surtout pas ! Il dit qu'il vaut mieux maintenant que vous n'alliez jamais chez moi. Il dit qu'il ne faut pas donner l'éveil ni rien. Il dit aussi de faire très attention à Schaeffer.

— A Schaeffer ? Tu rigoles ? » fit Julien.

Schaeffer était arrivé peu après la grande vague des réfugiés. Il se disait Lorrain. Il n'était pas comme les autres, c'était un clochard, un chemineau toujours sur les routes, vêtu de haillons rafistolés, chaussé de socques de bois. Il avait élu domicile dans une maisonnette désaffectée de garde-barrière. Une tête ronde et joviale encadrée par des cheveux longs et une barbe grisonnante. Il se louait çà et là pour la journée, n'ennuyant personne, vivant en marge de toutes les communautés; il avait toujours le temps de s'amuser et de raconter des histoires aux enfants.

« Schaeffer, oui ! dit Monique. Mon père est sûr que c'est un Allemand. Il est là pour tout voir, tout surveiller en les attendant, pour tout leur expliquer quand ils arriveront.

— C'est pas possible! dit Julien.

— Si, dit Monique. C'est possible. Vous verrez bien... »

*

Le chef de la milice avait fait une promesse, elle fut tenue : le 30 mars à dix heures du matin, c'était à l'école l'heure de la récréation, les Allemands envahirent Rochecourbe. Ils étaient quatre cents. Les enfants s'agglutinèrent contre le portail. Une voiture s'arrêta devant l'école, un officier descendit et se dirigea vers le portail. Les enfants s'écartèrent pour le laisser passer tandis que M. Sauvage, l'instituteur, s'avançait vers lui. L'officier salua, dit quelques mots, salua de nouveau M. Sauvage et remonta dans sa voiture qui redémarra.

L'instituteur resta un moment immobile au milieu de la cour. Les enfants s'avancèrent vers lui et firent un cercle.

« L'école est finie... pour quelques jours, dit-il comme s'il avait du mal à parler. Les Allemands veulent que vous rentriez tous à la maison, chacun chez soi. Il faut obéir. Je ne peux vous dire qu'une chose : soyez des garçons et des filles calmes et courageux. Pensez à vos pères et à vos mères, aidez-les, faites ce qu'ils vous diront de faire. A bientôt, mes petits. Quelquefois, je suis sévère avec vous mais je vous aime tous beaucoup. A bientôt. »

Puis il tourna le dos et monta directement chez lui au premier étage sans repasser par la salle de classe.

Pour la majorité des enfants, la décision allemande d'arrêter l'école pour quelques jours fut accueillie dans l'enthousiasme. Ils rangèrent leurs cartables dans un grand tintamarre. Dans l'allégresse André Pommier se mit même à chanter *Maréchal nous voilà* par pur automatisme, sans aucune intention maligne. Il aurait aussi bien pu chanter *Auprès de ma blonde*. De l'autre côté de la classe Coco Peyrals l'insulta, le traitant de « rat crevé », de « fumier » et de « boche pourri ». Le père de Peyrals était communiste et son grand frère au maquis. Il vivait dans la haine absolue du Maréchal.

Vexé, Pommier répondit qu'il chantait ce qu'il voulait et que si Peyrals n'était pas content, c'était pareil. Et qu'il devrait même un peu fermer sa grande gueule avant que les Allemands ne la lui ferment eux-mêmes. Peyrals se rua sur Pommier, du meurtre dans les yeux. L'arrivée de M. Sauvage redescendu opportunément de chez lui, arrêta net le début de la bagarre.

Par petits groupes, ils quittèrent la classe. Monique, d'une pâleur transparente, Julien et Antoine étant les derniers.

Comme ils sortaient, l'instituteur dit à Monique.

« Tu es la meilleure élève que j'aie jamais eue en trente ans, ma petite Monique. »

Elle leva les yeux.

« C'est vrai ?

— Bien sûr que c'est vrai ! » Il essaya de plaisanter : « Un instituteur ne ment jamais ! Sinon où irions-nous ?

— Pourquoi vous me dites ça ?

— J'y pense en te voyant.

— Ah! fit Monique évasive.

— Qu'est-ce que tu veux faire quand tu seras grande?

— Je n'y ai pas pensé. Je m'en fiche. Je voudrais que cette guerre finisse! J'en ai assez! Assez... »

Et elle éclata en sanglots. C'était la première fois qu'on voyait pleurer Monique. M. Sauvage la saisit par la nuque et la serra contre sa poitrine. Lui aussi était au bord des larmes. Il répétait :

« Petite fille! Ma petite fille! »

Julien était si ému qu'il ne pouvait dire un seul mot. Seul Antoine paraissait calme. Il avait son air buté. Il demanda à M. Sauvage :

« Vous croyez que Monique doit rentrer chez elle? »

L'instituteur le regarda, étonné de voir soudain chez ce gosse qu'il croyait bien connaître cette espèce de maturité, de solidité nouvelles.

« Ce sont les ordres... enfin... je ne sais pas, Antoine, je ne sais pas.

— Moi, je sais bien qu'il faut pas! » dit Antoine. Il prit Monique par la main. Elle le suivit tête basse, Julien fermait la marche.

Dans la cour Antoine s'arrêta et dit :

« Il est pas normal! Jamais il n'a parlé comme ça.

— L'Allemand a dû lui dire des choses qu'il peut pas répéter, approuva Julien.

— Je m'en fous! » dit Monique en reniflant.

Elle ne pleurait déjà plus mais ses yeux luisaient encore de larmes.

« Rentre pas chez toi, Monique, dit Antoine. Va

à la grotte. On verra bien demain. On te préviendra.

— Je veux voir mon père et ma mère.

— Antoine a raison, dit Julien. Va te cacher. On verra bien. Si les boches font rien à personne tu sortiras...

— Mais mes parents?

— Je te jure qu'on les préviendra tout de suite, dit Antoine. On leur dira où tu es. Rien qu'à eux.

— Et puis c'est eux qui t'ont dit de te cacher, ajouta Julien. Va à la grotte, Monique! Laisse-nous ton cartable. Vas-y vite! »

Elle hésita un moment et dit :

« Je veux voir mes parents. »

Ils sortirent de la cour. La rue était déserte lorsqu'à l'angle débouchèrent soudain des soldats allemands. Ils encadraient trois civils qui marchaient bras levés, mains croisées sur la tête : ces trois hommes étaient Mendel Apelgot, Charles Epstein et son fils Ruben, âgé de quinze ans...

Les trois enfants s'étaient arrêtés pour voir passer la colonne. Les Allemands entrèrent dans la cour de l'école et montrèrent du doigt le préau aux trois hommes. A ce moment-là, Ruben regarda les enfants; il passa vite sur Julien et Antoine mais fixa Monique avec intensité pendant quelques secondes. Un Allemand lui fit signe d'avancer. Ruben ne bougea pas et continua à fixer Monique. Alors le soldat lui donna un violent coup de pied dans les fesses et Ruben disparut sous le préau.

Julien aperçut Monique dont le visage s'était décomposé.

« J'ai peur! souffla-t-elle.

— Va à la grotte ! dit Antoine à voix sourde.

— J'ai peur ! » répéta Monique.

Elle semblait pétrifiée, incapable de marcher, elle tremblait légèrement.

Alors Antoine donna son cartable et celui de Monique à Julien et dit :

« Va chez toi ! Moi, je l'emmène là-bas, je reviendrai tout à l'heure. »

Puis de la main droite il saisit Monique par un bras :

« Arrive ! Dépêche-toi ! »

Il se mit à courir, traînant Monique qui trébuchait et ils disparurent au coin où étaient apparus les Allemands.

Avec ses trois cartables, Julien remonta jusqu'à la rue principale. Il entendait cogner son cœur et il avait envie de vomir. A cent mètres de chez lui il vit une nouvelle colonne allemande qui entourait, cette fois, une dizaine de prisonniers. Parmi eux M. Scheer, le père de Monique. Il n'avait plus ses lunettes, portait des traces de coups sur le visage et saignait du nez. A son passage Julien fit un pas en avant. M. Scheer plissa les yeux pour essayer de savoir qui était l'enfant dont il distinguait vaguement la silhouette. Mais il n'y parvint pas. Sans lunettes il ne voyait pas à deux mètres.

En queue de colonne, très propre, rasé et en uniforme allemand, marchait Schaeffer, un revolver à la main...

Julien rentra chez lui. Il n'y avait personne dans l'appartement. Sa mère devait être en bas au bureau en train de trier le courrier. Il entra dans sa chambre, enferma les trois cartables dans la penderie, s'allongea sur son lit et se mit à pleurer sans aucun sanglot. Les larmes coulaient sur son visage et sur l'oreiller. Il ne bougeait pas.

Il était là depuis deux minutes lorsqu'il entendit sa mère monter l'escalier quatre à quatre. La porte s'ouvrit à la volée. Elle s'arrêta sur le seuil, ferma une seconde les yeux et souffla. Elle était pâle, comme épuisée. Elle s'approcha du lit, s'agenouilla, saisit à deux mains le visage de Julien et l'attira contre sa joue. Elle voulait parler, réconforter son fils mais n'y parvenait pas. Les mots se bousculaient dans sa gorge mais ne sortaient pas.

Tout ce qu'elle put dire au bout d'une minute fut :

« Mon petit garçon ! mon petit garçon ! Mon chéri ! »

Et à son tour elle se mit à pleurer. Ils restèrent un long moment serrés l'un contre l'autre sans rien dire. On n'entendait que leurs pleurs, leurs reniflements et le tic-tac de la grande pendule sur le palier.

« Il faut que je descende, finit-elle par dire, le bureau est encore ouvert. Surtout ne bouge pas d'ici. »

Au moment où elle arrivait au pied de l'escalier, Antoine entra dans l'appartement sans frapper. Mâchoires serrées, il passa devant elle sans la regarder :

« Veux-tu vite aller chez toi ! dit-elle.

— Je prends mon cartable et j'y vais, fit Antoine entre ses dents. C'est Julien qui l'a. »

Et il disparut en courant dans l'escalier. Il ouvrit la porte de Julien et cria triomphalement :

« Ça y est ! puis il répéta plus bas : ça y est ! »

Il vit alors le visage de son ami et dit sur le ton du reproche :

« Tu chiales ?

— J'ai pas pu m'en empêcher, fit Julien. Dans la rue j'ai vu les autres prisonniers... le père de Monique... ils l'ont battu. »

Antoine s'assit au pied du lit et dit à voix plate comme si tout cela lui était indifférent :

« J'ai vu en revenant... ils arrêtent tous les juifs, tous ! Ils mettent les hommes sous le préau de l'école et les femmes et les enfants sur la place, sous la halle.

— Tous ? demanda Julien.

— Tous, oui. Même les bébés. Tous ! » Il se leva, regarda par la fenêtre d'où l'on voyait toute la colline dominant le village et ajouta : « Monique, ils pourront courir ! Ils l'auront pas.

— Ils vont la chercher, dit Julien.

— Ils peuvent toujours chercher.

— Ils vont nous demander où elle est, fit Julien soudain affolé ! Ils savent qu'on est copains...

— Et alors ? » demanda Antoine. Il était d'un calme total ; simplement il semblait un peu en colère mais pas démonté le moins du monde. — On n'aura qu'à dire qu'on est sortis de l'école et puis qu'on est allés chacun chez soi. Je suis passé par la Combe, le Marais et Tral Pech, personne nous a vus.

Julien baissa la tête, le courage d'Antoine allumait en lui une brève flambée de jalousie. Puis il s'effondra de nouveau et avoua :

« J'ai la trouille. »

Il croyait qu'Antoine allait se moquer de lui et même l'insulter mais il dit simplement :

« T'es couillon! C'est pas la peine d'avoir peur...

— Ils vont nous battre!

— T'es fou! Ils font ça qu'aux juifs! Ils nous demanderont, on dira ce que je t'ai dit... et voilà.

— J'ai la trouille quand même, fit Julien.

— Moi aussi, répondit Antoine, mais ça sert à rien de chialer. »

Ils ne dirent plus rien pendant une minute. Julien soudain se leva d'un bond et cria :

« Le cartable!

— Quel cartable?

— Le cartable de Monique, il est là... s'ils le trouvent ici...

— Et alors? D'abord ils se foutent du cartable s'ils le trouvent. On n'a qu'à dire qu'elle nous l'a donné en sortant, qu'elle avait un truc à faire... J'en sais rien, moi... C'est pas la première fois qu'on a nos cartables chez toi ou chez moi...

— C'est vrai, fit Julien un peu rasséréné.

— Je rentre chez moi, dit Antoine, ma mère va m'engueuler. Où tu l'as mis mon cartable à moi? »

Julien désigna la penderie du menton.

Antoine l'ouvrit, retira son cartable, ferma la porte et dit :

« Je viendrai te voir demain matin, ce soir on bougera pas, elle a tout ce qu'il faut.

— Pourquoi ils font ça aux juifs? demanda Julien.

— Qu'est-ce que j'en sais, moi? Parce que c'est des juifs, tiens! C'est comme ça! On le savait bien qu'ils aimaient pas les juifs, les boches... Allez, à demain... »

Au moment où il allait sortir on entendit du bruit en bas. Julien et Antoine reconnurent les voix de leurs mères qui parlaient haut et pointu puis une voix d'homme, plus basse, calme : c'était celle de Schaeffer.

Les deux enfants se regardèrent. Julien crut qu'il allait s'évanouir, son cœur se mit à battre si fort qu'il s'étouffait. Antoine ne bougeait pas, seules ses paupières battaient très vite. Ils les entendirent monter.

« Simplement quelques secondes, disait Schaeffer. Ce n'est rien, ne soyez pas inquiètes. Une seule question. »

Sa voix était douce, amicale.

La porte s'ouvrit et il entra suivi des deux mères hagardes. Il portait maintenant un uniforme et une casquette d'officier. Il souriait. Il serra la main d'Antoine d'abord puis celle de Julien, s'assit sur une fesse sur le coin du bureau et dit :

« Ne vous inquiétez pas ! C'est la guerre mais la guerre ne fait pas de mal aux enfants. Je suis venu chercher Monique, je sais que c'est votre amie.

— Elle est pas là, dit Antoine. On n'est que tous les deux. »

Schaeffer sourit et dit :

« Ecoutez-moi bien : les juifs sont nos ennemis, c'est vrai, mais pas les femmes et les enfants juifs. Les femmes et les enfants, nous voulons simplement les ramener dans leur région, dans leur pays. Il n'y a pas de raison qu'ils restent ici.

Nous avons décidé de les renvoyer chez eux. C'est tout. Nous les avons tous trouvés, ils partiront cette nuit. Tous sauf Monique. Alors dites-moi où elle est. Voilà, ce n'est pas difficile.

— Elle n'est pas ici ! dit Julien.

— Tsst ! Tsst ! fit Schaeffer entre ses dents en secouant la tête. Elle n'était pas chez elle. Je crois, moi, qu'elle est ici et que vous me faites marcher. »

Il les regardait l'un après l'autre avec une expression bonhomme. Comme si les deux enfants lui faisaient une blague qu'il trouvait plutôt bonne. Ils baissèrent les yeux.

« Bon ! fit Schaeffer, vous voulez que je trouve ? D'accord ! On a déjà fouillé chez Antoine, elle n'y est pas. Elle ne peut être qu'ici, il n'y a qu'avec vous deux qu'elle est assez amie pour se cacher.

— Elle est pas là ! » fit Julien la voix entravée par un sanglot et par la panique.

Cette panique trompa Schaeffer. Il fut certain aussitôt que Monique était là.

« Tu mens moins bien qu'Antoine, fit-il en souriant gentiment. On va voir. La maison est petite, on en a pour cinq minutes. Je vais appeler deux soldats, ils vont fouiller partout. Nous, on reste tous ici dans cette chambre en attendant. Je suis sûr qu'elle n'est pas cachée dans cette chambre. Elle a dû avoir une meilleure idée. »

Il s'approcha de la fenêtre, l'ouvrit et cria un ordre en allemand. On entendit un bruit de course et aussitôt des pas au rez-de-chaussée.

Julien alors se pelotonna sur le lit, sa mère vint le prendre dans ses bras. Schaeffer la laissa faire. En même temps, la mère d'Antoine s'approcha elle aussi de son fils qui était resté debout, immobile, le visage fermé, le regard rivé au sol. Elle se mit derrière lui et voulut l'attirer contre sa poitrine. Antoine se dégagea. Elle lui posa la main sur les épaules.

En bas les portes s'ouvraient et se fermaient avec force. Schaeffer alla sur le palier, cria encore un ordre et on n'entendit presque plus rien.

« On ne fera aucun mal à Monique, dit-il en revenant. Après la guerre vous la reverrez. N'ayez pas peur. »

Deux minutes plus tard un soldat allemand cria quelque chose, Schaeffer répondit; aussitôt le pas de deux hommes dans l'escalier...

« Elle n'est pas en bas, dit Schaeffer, elle est donc à cet étage ou au grenier... »

Dans les pièces voisines les deux soldats parlaient à mi-voix. L'un d'eux frappa à la porte et entra en faisant « non » de la tête.

Schaeffer, l'index pointé vers le sol, dessina un rond dans l'air. Le soldat entra, ouvrit les placards, l'armoire, regarda sur les étagères du haut, sous le lit, puis fixa Schaeffer d'un air interrogateur. Schaeffer cette fois pointa l'index vers le haut. Sur le palier, les soldats tirèrent l'échelle qui donnait accès au grenier. Cinq minutes après ils étaient de retour.

Schaeffer leur parla quelques secondes. Ils redescendirent et sortirent.

« Elle n'est ni à la cave, ni au rez-de-chaussée, ni ici, ni au grenier, dit Schaeffer à mi-voix... Je me suis trompé. Alors où est-elle, votre amie Monique? Elle est encore plus maligne que je croyais. » Puis il enchaîna d'une voix plus sérieuse et plus ferme : « Il faut que je la retrouve ! Vous devez me dire où elle est. C'est pour son bien !

— On sait pas ! fit Julien qui soudain se sentait mieux. Mais je sais qu'elle avait des sous.

— Des sous ? demanda Schaeffer intéressé.

— Oui, elle me les avait fait voir.

— Beaucoup ? Combien ?

— J'en sais rien moi. Beaucoup ! Elle m'avait dit que c'était pour se sauver. Que si les Allemands venaient, elle se sauverait et qu'avec ses sous elle pouvait aller dans les fermes très loin et tout et que les gens lui donneraient à manger parce qu'elle les paierait.

— C'est idiot de croire ça, dit Schaeffer, personne ne la cachera même pour beaucoup d'argent, on va la retrouver perdue sur les chemins, ou bien des paysans nous la ramèneront eux-mêmes !

— C'est ce que je lui disais tout le temps, murmura Julien.

— Elle avait décidé comme ça, fit Antoine.

— Alors ? demanda Schaeffer, elle a filé en sortant de l'école ? » Antoine fit oui de la tête et il ajouta : « Elle nous a donné son cartable et elle est partie par le pré de Bouyssou vers la plaine, vers le marais. »

Schaeffer réfléchit quelques secondes, regarda sa montre et demanda :

« Où est son cartable ?

— Là, répondit Antoine en désignant le placard. C'est le noir. »

Schaeffer ouvrit le placard, s'accroupit, fouilla

le sac, regarda quelques secondes les cahiers, se redressa et dit :

« On va la retrouver. Ce n'est pas malin ce que vous avez fait.

— On n'a rien fait, dit Julien.

— Vous auriez dû l'empêcher de se sauver. C'est idiot de la laisser partir comme ça. Et le marais est très dangereux. Si elle a un accident vous serez fautifs. » Puis il sourit. « Mais on va la retrouver. Une demi-heure d'avance ce n'est pas beaucoup... »

Il salua les femmes de la tête et quitta la maison. Ils s'approchèrent tous les quatre de la fenêtre pour voir Schaeffer s'éloigner avec les deux soldats.

« Heureusement que c'était lui, dit la mère d'Antoine, avec les autres vous auriez vu vos oreilles et vos fesses ! Vous êtes fous ou quoi ?

— Lui ? c'est du fumier pourri ! » siffla Antoine entre ses dents.

Sa mère, par réflexe, leva la main pour le gifler puis la laissa retomber. Elle le serra contre elle et dit :

« Les pauvres petits !

— Regardez ! Regardez ! » cria alors Julien resté devant la fenêtre. Il tendait le doigt vers la colline.

Là-bas, à travers le pré, une file de vingt prisonniers escortés par une trentaine de soldats gravissait la pente raide. Ils marchaient lentement. Ils étaient loin, à cinq cents, six cents mètres, mais leurs silhouettes étaient devenues si familières qu'ils les reconnaissaient tous : Scheer, Apelgot, Detter, Epstein et son fils de quinze ans, Vogelbaum et ses deux fils de quinze et dix-sept ans, Gold, Asch, Weill... tous !

« Descendez, dit la mère de Julien, descendez tout de suite tous les deux.

— Non ! » dit Julien.

Elles les saisirent par les bras, les tirèrent jusque dans les escaliers, malgré leurs cris, refermèrent la porte palière et revinrent toutes deux dans la chambre.

« Vite ! » dit Julien à Antoine.

L'un suivant l'autre ils passèrent par le jardin, remontèrent la pente et grimpèrent dans le grand tilleul qui dépassait la maison.

Lorsqu'ils arrivèrent à la cime ils virent tous les juifs allongés, immobiles et deux soldats armés d'un pistolet qui, tour à tour, leur donnaient le coup de grâce dans la tête. Ils redescendirent du tilleul sans échanger un mot, retraversèrent le jardin et entrèrent dans la cuisine. Ils tremblaient si fort que leurs mères ne leur posèrent pas de questions.

Le lendemain, les Allemands fouillèrent toutes les maisons de Rochecourbe. Ils débusquèrent un maquisard blessé et convalescent que cachait Jean Lafarge le garagiste. Le maquisard qui ne pouvait même pas se tenir debout et Jean Lafarge furent fusillés immédiatement contre le rideau de fer du garage incendié.

Personne ne pouvait approcher de la halle où étaient parqués les femmes juives et les enfants. On sut pourtant dans l'après-midi que les Allemands les avaient laissés sans nourriture, sauf les bébés pour lesquels ils avaient donné du lait. Et qu'ils obligeaient les femmes à ramasser avec les mains les déjections de la communauté.

Au crépuscule, cinq camions bâchés se rangèrent devant la halle et dix minutes après ils prenaient la route vers le Nord. Le soir, Schaeffer revint chez Julien. Il avait l'air fatigué, soucieux mais pas le moins du monde en colère.

« On n'a pas retrouvé Monique, dit-il. Ce n'est pas une bonne nouvelle. Elle n'est dans aucune maison du village ni dans aucune ferme. Les chiens ont senti son odeur près du marais. Ils ont tourné autour pendant une demi-heure. J'ai peur que Monique se soit noyée. On n'a pas le temps ni les moyens de draguer le marais. Voilà ce que vous avez fait, toi et Antoine.

— On n'a rien fait.

— Vous deviez la retenir! » cria Schaeffer soudain rouge de colère. Puis il se calma aussitôt et ajouta : « Peut-être que vous ne pouviez pas... Allez... Au revoir. C'est fini, tu n'auras plus affaire à moi ni à personne d'autre. »

Il caressa les cheveux de Julien et sortit de la chambre. Julien l'entendit descendre les marches. Il entrouvrit la porte pour écouter ce qu'il disait à sa mère qui se tenait en bas dans la cuisine.

« Ne vous inquiétez pas, madame Cazals, on ne reviendra plus. Peut-être que vous pensez beaucoup de mal de moi. C'est votre droit mais c'est la guerre. J'ai fait ce que je devais faire. Je voulais seulement vous dire qu'il vaut mieux que j'aie été là. Tout ça n'a pas été beau mais ça aurait pu être pire. Les ordres qui viennent de plus haut sont durs et nos soldats sont fatigués, ils sont nerveux et ils ont peur... Heureusement qu'en cherchant la

gosse on a trouvé un gibier plus gros... Sa dispari-
tion a coûté la vie à deux hommes. Si ça n'avait
pas été eux je ne donnais pas cher de la peau du
maire ou de l'instituteur. — Il ajouta : — Gardez
ça pour vous, madame Cazals. N'en parlez que
plus tard... Quand la guerre sera finie. Ce n'est
pas la peine d'ajouter au malheur.

— Qu'est-ce qu'on pourrait ajouter ? demanda
Mme Cazals froidement.

— Beaucoup de choses ! répondit Schaeffer
d'une voix lasse, vous avez eu très peu de guerre
dans le Sud. Très peu... »

Il se dirigea vers la porte. Comme il allait sortir, elle l'appela :

« Monsieur Schaeffer ?

— Oui ? demanda-t-il en se retournant.

— Vous êtes allemand ou français ?

— Je suis allemand, madame Cazals, mais ma
mère était française. J'ai vécu dix ans en France.

— Mais alors comment pouvez-vous... vous êtes
quand même un peu français ?

— Non, madame ! Je ne suis pas *du tout*
français ! »

Il sortit dans la nuit. Julien écouta son pas
décroître dans la rue. Lorsqu'il n'entendit plus
rien il descendit dans la cuisine où sa mère s'était
mise à préparer le dîner.

« Je voudrais aller chez Antoine, dit-il.

— Sûrement pas ! Tant que les Allemands
seront là, tu ne bougeras pas d'ici. Même si je
dois t'attacher. Descends les rideaux. »

Julien monta sur une chaise et déroula les
rideaux noirs qui aveuglaient les fenêtres.

« Maintenant reste près de la porte et surveille dehors. »

Il s'assit sur la chaise et par un minuscule interstice regarda dans la rue. C'était le silence total et le désert. Il entendit sa mère chercher la longueur d'onde du poste dans un crachouillis. Il jeta un regard derrière lui sur l'œil verdâtre de la grosse radio. L'œil s'ouvrait et se refermait brutalement, passant du vert au noir. Il se tourna de nouveau vers la rue. Au bout de quelques secondes, il entendit Radio Londres. Sa mère collait l'oreille au poste tant le son était faible mais Julien entendait quand même des lambeaux de phrases incompréhensibles et plus distinctement en fin d'émission une voix qui annonçait la fin de la guerre pour bientôt et l'écrasement de l'armée allemande. Mme Cazals coupa la radio.

« Mets le couvert ! dit-elle.

— Quand reviendra papa ? demanda Antoine.

— Il reviendra bientôt. Avec les autres. Les Allemands perdront la guerre.

— Mais quand ?

— Personne ne le sait, dans trois mois, six mois, un an peut-être. Ce qui est sûr c'est qu'ils perdront...

— Tout le monde dit ça.

— Parce que c'est vrai.

— Tu crois qu'ils auraient fusillé le maire ou M. Sauvage ?

— Tu as entendu Schaeffer ?

— Oui. »

Elle le regarda, l'œil rétréci, en hochant la tête d'un air sévère.

« Tu ne te tiendras donc *jamais* tranquille, Julien ? Les autres enfants ne s'occupent pas de tout ça. Pourquoi toi ? Tu crois que ma vie est facile ? Si tu étais gentil tu éviterais de me faire un sang d'encre. »

Il baissa la tête.

« Monique s'est pas noyée ! dit-il d'un air buté. Elle connaît le marais. On le connaît par cœur. En plus elle sait nager, alors...

— Alors où serait-elle ? demanda Mme Cazals.

— J'en sais rien, mais elle est plus maligne que les boches. Voilà ! »

Mme Cazals regarda un moment son fils d'un air à la fois agacé et perplexe.

« Ils les emmènent où avec leurs camions ? demanda Julien.

— On ne sait pas. Dans le Nord, dans l'Est, d'où ils viennent...

— On dit qu'ils leur ont même pas donné à manger, dit Julien.

— Ils leur donneront cette nuit, ou en arrivant.

— Pourquoi ils leur ont pas donné tout de suite ?

— Je ne sais pas.

— Pourquoi ils ont tué M. Scheer et Detter et Ruben et tous les autres ?

— Je ne sais pas, mon petit. On saura tout ça après la guerre. »

Elle se remit à sa cuisine. Elle travailla quelques minutes. N'entendant plus son fils elle se retourna. Il avait un air agressif et buté.

Elle eut un coup de découragement. Elle n'en pouvait plus...

*

Julien alluma sa lampe de chevet et regarda l'heure. Il était plus de minuit. Il s'était endormi très tôt après dîner et s'était réveillé quelques minutes plus tard. Tout ce qu'il avait vu et ressenti ces derniers jours le soulevait au-dessus de lui-même et ne le laissait pas en paix. Les prisonniers, les morts, le couvercle de plomb sur le village, Schaeffer, la peur, Antoine, sa mère, les coups de grâce, la sortie de l'école, tout se fondait en un magma vénéneux qui l'arrachait au sommeil. Et par-dessus tout cela, la dernière image de Monique tournant au coin de la rue, tirée par Antoine... Il se leva et s'habilla avant même d'avoir pris la décision d'aller retrouver Monique dans la grotte. La maison silencieuse lui parut hostile. Arrivé dans le jardin, il mit ses chaussures que jusque-là il tenait à la main. C'est alors qu'il se dit qu'il risquait de se faire prendre et de tout gâcher. D'abord, il n'eut pas peur d'être pris. Il craignait de mettre les Allemands sur la trace de Monique. Puis il eut peur pour lui-même; son cœur fit une cabriole dans la poitrine et il eut pendant quelques secondes le souffle coupé. Ses mains tremblaient mais il laça ses chaussures, c'étaient des socques de bois avec des semelles clouées taillées dans de vieux pneus. Il se redressa et respira. L'air était doux, le printemps se réveillait. Il traversa le jardin, s'accroupit contre le portillon de fer qui donnait sur la ruelle et observa à travers les barreaux, retenant son souffle et tendant l'oreille. Il resta ainsi une minute puis il ouvrit le portillon, le repoussa sans le fermer, se cacha dans le fossé et écouta de nouveau en écarquillant les yeux. Il ne voyait rien et n'entendait rien à part le frissonnement des feuilles froissées par de légers coups de vent.

Il traversa la ruelle en se courbant, coupa en diagonale par un autre jardin, puis une rue, sauta un mur de pierres sèches et se retrouva dans le pré de Bouyssou qui descendait en pente douce jusqu'au marais.

Il progressait par saccades, passant d'un noyer à l'autre. De temps en temps, il s'arrêtait plus longtemps pour écouter les bruits de la nuit. A partir du quatrième noyer il n'entendit plus rien : son cœur battait trop fort contre ses côtes et dans l'arrière-gorge. Entre le dernier noyer et la lisière des saules il y avait un espace nu d'une trentaine de mètres. Il se lança et courut de toutes ses forces. Arrivé sous les saules il se laissa tomber dans l'herbe. Il avait dans la bouche un goût de fer et de sang. Il resta longtemps allongé, essayant de retrouver ses forces et son calme. Il se mit à genoux puis debout et toujours courbé il reprit sa course, longeant la partie nord du marais puis, obliquant sur sa droite, il se mit à couvert dans le bois de Tral Pech. Là, il cessa de courir. Il se mit à marcher très lentement, écoutant la nuit à chacun de ses pas. Il était tellement silencieux qu'il leva un chevreuil. La bête affolée fila droit devant elle dans un grand bruit de branches brisées. Julien se jeta à plat ventre et ne bougea plus pendant cinq minutes. Puis toujours silencieux il reprit sa marche. Au bout d'un moment la pente devint raide, il avançait à quatre pattes. Et cela devint une escalade. Il se retrouva hors d'haleine au pied du gros chêne vert sur la saillie. Ce chemin il l'avait fait des dizaines de fois, jamais il ne s'était senti fatigué comme cette nuit-là. Il déplaça la grosse pierre qui masquait le trou, se cala à l'intérieur, prit appui sur un rocher en saillie, replaça la pierre au-dessus de sa tête et se laissa glisser le long de la corde. Il toucha le sol sans faire le moindre bruit. Il faisait noir comme dans un four mais il connaissait si bien les lieux qu'il avança jusqu'au fond de la grande salle sans heurter une seule aspérité. Là il s'accroupit et tendit l'oreille. Il entendit un bruit très léger qui venait de la « chambre » de Monique. Il s'avança encore, il distinguait maintenant le bruit ! C'était deux personnes qui parlaient à voix basse mais on pouvait entendre ce qu'elles disaient. Il roula sur le côté, sortit une boîte d'allumettes de sa poche et en alluma une. Il eut le temps de voir Monique et Antoine allongé l'un à côté de l'autre sur la couverture avant qu'ils ne se redressent, soudain affolés. Julien jeta l'allumette qui s'éteignit aussitôt et dit :

« C'est moi.

— T'es fou ! répondit Antoine à voix haute, tu nous as foutu une de ces trouilles !

— Chuuuuut ! fit Monique.

— Qu'est-ce que tu viens faire ici ? » demanda Antoine.

Julien soudain se mit en colère.

« Et toi ?

— Quoi moi ?

— Tu y es bien ici toi, non ? Alors ?

— C'est moi qui ai amené Monique ici! C'est moi qui m'en occupe.

— Y'a pas de raison! Pas plus toi que moi!

— On n'a pas besoin d'un pleurnicheur ici. »

Le poing de Julien toucha Antoine sur le nez. Surpris, Antoine recula, son pied heurta un rocher et il tomba.

« Tu vas voir ta gueule », grogna-t-il en se relevant...

Monique alluma une bougie, se glissa entre les deux garçons et dit :

« Arrêtez! Vous êtes fous ou quoi? » Sa voix tremblait de colère et de chagrin.

« Pourquoi il est venu ce con? dit Antoine, on lui a rien demandé...

— Je venais voir si Monique allait bien. J'ai autant le droit que toi.

— Mais qu'est-ce qui te prend? demanda Monique à Antoine sur un ton de reproche. On est amis *tous les trois.* Qu'est-ce qui te prend?

— Et s'il s'était fait voir?

— Et toi? demanda Monique.

— Moi, ça risque pas.

— Et pourquoi?

— Parce que... parce que c'est comme ça!

— Tu te crois toujours plus malin que tout le monde, dit Julien. C'est pas parce que t'es le plus costaud que tu dois tout diriger. Tu me fais pas peur, tu sais... »

Ils se toisaient. Antoine soudain porta la main sur son nez.

« Je saigne du nez maintenant », dit-il.

Il fouilla ses poches, il n'avait pas de mouchoir.

« Attends, dit Monique, je vais t'en donner un.

154

— Laisse, fit Julien, tu auras besoin de toutes tes affaires », et il tendit son mouchoir à Antoine.

Antoine hésita, le prit et le pressa sur son nez. Monique souffla la bougie, ils s'assirent sur la couverture, dos à la paroi.

« Ça va ? demanda Monique à Antoine.

— C'est rien, ça va s'arrêter.

— Tu as mal ?

— Non.

— Y'a longtemps que tu étais là ? demanda Julien.

— Dix minutes, un quart d'heure...

— Ils croient que tu t'es noyée dans le marais, dit-il à Monique. Ils te cherchent plus.

— Je le lui ai déjà expliqué, dit Antoine.

— Ah ? fit Julien déçu. Schaeffer est venu chez toi aussi ?

— Oui.

— Tu lui as dit quoi d'autre...

— Ben... ce qui s'est passé, dit Antoine, que les Allemands ont embarqué tout le monde.

— Que les juifs ? demanda Monique à Julien comme si elle voulait vérifier les informations d'Antoine.

— Je te l'ai dit, protesta Antoine. Rien que les juifs. Les femmes et les enfants dans des camions, les hommes dans d'autres camions.

— Tu as vu mes parents, toi ? demanda Monique encore à Julien.

— Je t'ai dit qu'on était ensemble, fit Antoine.

— C'est vrai, approuva Julien. On était ensemble. Mais on était loin... on pouvait pas approcher. Je les ai vus, mais de loin.

— Je me demande où ils les ont emmenés ? »
dit Monique.

Des larmes tremblaient dans sa voix.

« T'inquiète pas, dit Julien, ils les maltraitaient
pas ni rien. Les gens disent qu'ils les ramenaient... d'où ils venaient, d'où vous veniez, quoi !
Tu les retrouveras à la fin de la guerre. Y'en a
plus pour longtemps. Ils vont perdre la guerre,
c'est sûr... »

Le silence tomba dans la grotte. Au bout d'un
moment Antoine dit :

« Il faut qu'on rentre. Si quelqu'un nous cherchait... On ne sait jamais.

— C'est vrai, approuva Julien.

— Vous reviendrez demain ?

— On reviendra tous les jours, fit Antoine. T'inquiète pas. Si un jour tu nous voyais pas, c'est
qu'on aurait pas pu faire autrement, c'est parce
que les boches seront dans le coin ou quelque
chose comme ça. Mais faut pas t'en faire...

— Ils vont pas rester longtemps, ajouta Julien.
Ils ont fait ce qu'ils voulaient, ils vont redescendre sur la nationale et dans les villes. Peut-être ils
laisseront des soldats mais pas beaucoup. Même
peut-être pas du tout. »

Ils embrassèrent Monique, sortirent de la
grotte, replacèrent le rocher et très lentement
regagnèrent le marais.

Là, ils s'arrêtèrent un moment, épaule contre
épaule, souffles jumeaux pour guetter les bruits
de la nuit.

« Ecoute... chuchota Julien. Je voulais pas te
faire mal mais... tu m'avais mis en colère. »

Surpris, Antoine tourna le visage vers lui. Son

nez était enflé et sa bouche barbouillée de sang séché. Il le toisa :

« Tu m'as pas fait mal.

— Pourquoi m'as-tu traité de pleurnicheur ?

— Je l'ai pas fait exprès, j'étais énervé...

— Je suis pas plus pleurnicheur qu'un autre, fit Julien.

— Bon ! Bon ! On n'en parle plus. Je te dis que j'étais énervé, on t'avait pas entendu entrer.

— Tu as bien fait de pas dire à Monique ce qui s'est passé...

— Oui. Mais un jour quand elle pourra sortir il faudra bien le lui dire.

— Oui, il faudra bien. Mais on a le temps de réfléchir... Je pense à un truc...

— A quoi ?

— Voilà, fit Julien gêné, comment elle fait pour... — il s'arrêta...

— Pour quoi ?

— Ben pour... pour faire ses besoins et tout ça...

— Elle a trouvé toute seule. Dans une salle, en dessous, y'a comme un caniveau, comme une source si tu veux, l'eau sort par un trou elle va je sais pas où. C'est là qu'elle fait. Elle peut aussi se débarbouiller, boire.

— Ah ! bon, dit Julien. Tu vois, ça me tracassait, je me demandais comment elle faisait.

— Voilà, fit Antoine. Elle fait comme ça ! Bon, on y va ?

— D'accord.

— On reste ensemble ?

— Quoi ?

157

— On reste ensemble ou on rentre chacun de notre côté ? »

Antoine hésita.

« Si tu veux, on reste ensemble, on se séparera quand on sera arrivés à ton jardin. Allez ! Viens ! »

La lune faible et rongée se mit à couvert sous des nuages effrangés. Ils couraient, courbés...

Arrivés dans le pré de Bouyssou, ils entendirent soudain un vacarme de moteurs. Ils s'accroupirent dans l'herbe humide. Des phares perçaient la nuit sur leur droite, éclairant les cimes des platanes de la route du Coderc.

« Qu'est-ce que c'est ? demanda Julien.

— Attends ! » souffla Antoine en lui serrant le bras.

Il rampa jusqu'au muret de pierres sèches, jeta un coup d'œil par-dessus et revint à côté de son compagnon.

« Ils foutent le camp ! Nom de Dieu ! C'est les boches qui foutent le camp !

— Déjà ? fit Julien.

— Si tu me crois pas, vas-y voir ! » répliqua Antoine sur un ton de défi.

Julien le regarda une seconde et à son tour se mit à ramper. Arrivé au pied du mur, il se redressa. Il voyait très distinctement les camions remplis d'hommes, encadrés de blindés qui descendaient vers la nationale. Antoine le rejoignit.

« Alors ? demanda-t-il.

— T'avais raison ! Ils foutent le camp. Ils vont réveiller tout le village ! Il faut rentrer tout de suite ! Nos mères vont nous chercher...

— Merde ! fit Antoine, c'est vrai ! On se revoit demain.

158

— A demain. »

Chacun de son côté, cette fois, ils coururent aussi vite qu'ils le pouvaient vers leurs maisons.

Julien délaça ses socques en cinq secondes et monta l'escalier. Il y avait de la lumière qui passait sous la porte de la chambre de sa mère. Il se jeta dans son lit tout habillé et tira les couvertures sur lui.

Il entendit s'ouvrir la porte de la chambre de sa mère. Puis la sienne, tout doucement. Il ferma les yeux. Il sentit sa mère qui, dans l'obscurité, s'approchait du lit. Elle lui caressa les cheveux et s'en alla aussitôt. Il laissa passer cinq minutes, se découvrit, se déshabilla très vite, enfila son pyjama, entrouvrit la fenêtre et se recoucha.

De la vallée montait la rumeur des camions et le bruit lancinant des chenilles de chars sur la route. Il n'avait pas sommeil. Il se leva et se mit à la fenêtre. Un coup de vent avait chassé les nuages. Julien resta longtemps à regarder le ciel. Il aimait la nuit, il lui semblait que le temps alors ne se mesurait plus en heures et en minutes, qu'il était tout entier à lui.

Peu à peu, une lumière rouge s'éleva... Toutes les maisons où avaient vécu les familles des réfugiés juifs flambaient. Un dernier cordon de soldats interdisait l'approche devant chaque maison. L'incendie dura jusqu'à quatre heures du matin.

*

Le printemps fut médiocre avec un soleil pâle, anémié, des journées blanches, sabrées de coups de vent du nord.

D'embuscades en coups de main, la guerre se traînait dans la vallée, tenant désormais à l'écart les villages des collines. Elle pourrissait le long des routes nationales.

A l'école, M. Sauvage avait laissé vides les places des enfants juifs disparus. Il semblait ailleurs. Il n'était plus aussi exigeant sur la qualité du travail et sur la discipline. La classe rêvassait en attendant la saison chaude. Dans le village, après la stupeur et la peur, la vie avait repris son cours, comme avant, comme s'il ne s'était rien passé. Julien, lui, restait en état de choc; malaise accru parce que les adultes, eux, pouvaient faire comme si tout ce qu'ils avaient vu, comme lui, de leurs propres yeux, était oublié, enterré dans les mémoires. Comme si les morts, là-haut, en lisière du bois, n'avaient jamais existé.

Lorsqu'il s'en était ouvert à Antoine, ce dernier l'avait rudoyé.

« Eh quoi? On peut rien y faire! Les morts c'est des morts. Ils ne reviennent jamais. T'es toujours en train de pleurnicher!

— Je pleurniche pas! avait répondu Julien. Je dis que les gens font comme s'ils étaient amis, comme s'ils s'aimaient. Et puis on en tue et les autres continuent comme avant! Je dis juste que c'est dégueulasse!

— Mais qu'est-ce que tu veux qu'ils fassent? Merde! Dis-le puisque tu es si malin, toi!

— Y'a rien à faire! avait convenu Julien, mais on peut plus jamais être comme avant. Et eux, ils sont comme avant.

— Tu es un con! avait conclu Antoine. Tu penses toujours qu'à des trucs impossibles ou à des trucs qui n'existent pas. »

Ce fut leur première différence et leur vrai premier différend. Ils n'y prirent pas garde car autour de Monique ils se regroupaient et s'oubliaient eux-mêmes.

Elle tenait le coup avec calme et vaillance. Au début ils avaient eu peur qu'elle ne tombe malade, qu'il ne lui arrive quelque chose qui les aurait obligés à dire la vérité à leurs mères. Mais non. Monique n'avait même pas attrapé un rhume. Simplement elle était devenue pâle avec l'air un peu endormi de ceux qui ne dorment pas. Elle confondait la nuit et le jour. Elle vivait d'insomnie perpétuelle. Elle trouvait son équilibre aux frontières de l'excès d'imagination, son repos à la limite même de l'épuisement, le calme absolu au cœur même de son inquiétude. Elle résistait. Elle résistait à tout et paraissait sans cesse perdue non pas dans ses propres pensées, mais dans celles de ses deux amis. Pour l'aider à tuer le temps ils s'étaient mis à inventer des histoires.

« On dirait qu'on serait au Moyen Age... On dirait qu'on serait en Afrique... On dirait qu'on serait en Amérique... On dirait qu'on aurait tous les animaux qu'on voudrait... »

Leur imagination galopait sans entraves. Ils avaient l'âge du pouvoir de transfiguration, pouvoir immense parce qu'il fait bon marché des apparences. Le réel — un éclat de soleil sur un rocher, le bruit d'une goutte d'eau tombant dans la caverne — leur en fournissait toujours assez pour susciter ce monde secret où ils voguaient seuls, toutes amarres rompues. Plus le temps passait, plus ils prenaient goût au songe qui serait vrai, à un invisible réel. A ce jeu-là, Monique était la plus effervescente...

Lorsque c'était à elle de raconter, sa passion vivait et vibrait de nouveau. Comme un poisson qui bouge et saute dans le filet, elle bondissait dans ses propres phrases rapides et serrées. Elle entrait même parfois en de brefs éclairs dans les histoires des autres. C'était sa nature d'entrer dans la vie des autres comme une lumière...

Un jour, elle inventa « l'aigle-renard » et à son propos une histoire qui leur parut si belle que les deux garçons restèrent longtemps silencieux après qu'elle eut fini de parler.

C'était l'histoire du fils d'un renard ou plutôt d'une renarde et d'un aigle... Enfin l'histoire commençait par un chien : Il était un chien qui pensait comme un homme et qui voulait avoir un chien à lui. Mais aucun chien ne voulait avoir pour maître un autre chien. Il en appela au jugement des autres animaux : le lion et le lapin, la girafe et la truite, la fourmi et l'éléphant, le corbeau et le renard... Mais le corbeau occupé à manger des charognes ne vint pas. L'aigle dit alors...

Une longue histoire pleine d'amour, de nuages et de chaos...

La différence avec leurs propres histoires — les deux garçons le sentaient bien — c'était que celles de Monique allaient beaucoup plus loin dans l'impossible, dans le bon plaisir, dans l'ironie, l'humour... Et pourtant — aveuglante évidence — elles étaient plus vraies, plus tumultueuses que les leurs. C'était comme si, chaque fois, elle franchissait une zone qui leur était à eux interdite, comme s'ils la voyaient courir dans le pré de l'autre côté d'une rivière qu'ils ne pouvaient traverser. Et pourtant, l'instant d'après, elle était de retour parmi eux... Les seules traces qu'elle gardait du voyage étaient un visage un peu plus creux, des yeux un peu plus brillants et un peu plus cernés... Julien et Antoine voulaient accueillir et protéger Monique mais elle les traversait comme un fleuve un lac qui croit le retenir... Julien admirait, Antoine se cabrait.

Un soir, sur le chemin du retour, Antoine dit à Julien :

« Tu sais, j'ai peur pour elle. Elle a l'air malade et puis elle dit des trucs... elle est folle... je te jure ! »

Julien s'arrêta pile et répondit :

« T'es complètement idiot ! Nous on saurait pas inventer des histoires comme les siennes... A côté d'elle... on est rien du tout ! Moi j'ose plus rien raconter. Putain, elle est pas folle ! Ça non !

— Mais toi t'es fou ! avait dit Antoine.

— T'es complètement con ! avait conclu Julien, tu comprends rien ! Rien du tout. T'es qu'un con ! Voilà ce que t'es. »

Julien savait ce qu'étaient les fous. Une fois il avait accompagné sa mère à Thonac où elle allait visiter Mme Fantoux. On l'avait laissé à l'extérieur. Il était monté sur la colline voisine et de là, à plat ventre dans l'herbe roussie et feutrée par l'automne, il avait observé le grand parc ou ils se promenaient. Regards fixes... membres raides, démarches automatiques... brusques gambades suivies de prostrations... sursauts... euphories fébriles...

Jamais il n'avait oublié ces images qui revenaient parfois la nuit dans ses rêves : il était lui-même dans le parc de Thonac. Il n'était pas fou, mais pour des raisons qu'il ignorait il était enfermé avec eux. Pour que les fous, dont il craignait la colère, ne découvrent pas qu'il n'était pas des leurs, il copiait leurs attitudes, faisait comme eux...

Mais bientôt il n'en put plus. La peur le gagnait, et plus elle montait plus il sentait qu'ils commençaient à observer et à se douter de quelque chose. Les regards fixes se posaient un à un sur lui et derrière leur fixité il discernait la montée de la compréhension puis celle de la colère. Il commençait à mourir de peur, alors il prenait soudain la course vers le mur d'enceinte, contre lequel il se jetait cœur battant, mains tendues. Mais le mur était trop haut. Dans son dos, il entendait croître les cris inhumains poussés par la meute et le martèlement de leurs pieds sur le sol... Il s'éveillait alors en hurlant...

Sa mère était déjà là, qui le tenait dans ses bras, lui caressant la nuque en disant :

« Mon garçon ! Mon petit garçon ! »

Lorsqu'il était complètement éveillé elle lui demandait :

« Qu'est-ce que c'était ce rêve ? Dis-moi ? »

Il répondait qu'il ne s'en souvenait plus alors qu'à ses oreilles battaient encore la course terrible des fous lancés vers lui.

« Il est tellement nerveux, il m'inquiète ! disait Mme Cazals à ses voisines.

— Le mien aussi ! répondaient-elles. Avec tout ce qu'ils voient, comment voulez-vous qu'ils ne le soient pas ! Ils oublieront quand tout ça sera fini. Ne vous inquiétez pas.

— Heureusement ! » disait Mme Cazals.

Elle ne savait pas que Julien était de cette espèce d'enfant qui n'oublie jamais rien. De ces enfants inquiets qui voient tout, qui entendent tout, immobiles et béants, à la sensibilité folle, adorateurs de monstres. De ces enfants « qui sont toujours dans vos jambes », à l'expression fixe et étonnée, aux yeux dont l'iris, pour un rien, s'ouvre au plus grand.

Elle ne pouvait en le regardant se défaire d'une inquiétude sourde lorsqu'elle le surprenait là où il aimait à se tenir seul, immobile, assis sur le muret derrière la maison, à regarder, là-bas, on ne savait quoi par-delà l'échancrure des toits qui ouvrait le domaine des collines, des oiseaux; le domaine du vent qui coulait sous un ciel blêmissant.

*

Le débarquement en Normandie du mois de juin coïncida avec les premiers flamboiements de l'été. Le village sortit de la torpeur dans laquelle il s'était englouti et les imaginations recommencèrent à fermenter. Au bout de quelques jours, cependant, chacun comprit que la reconquête serait longue. Les Allemands tenaient toujours la vallée. On voyait passer de plus en plus de voitures et de camions verts. On apprenait qu'à Ladignac, à Charpenet, à Castels le maquis avait attaqué mais que les Allemands réagissaient toujours aussi fort et aussi vite qu'au début. On parlait de blessés, de morts, de pendus... d'horreurs...

Au début du mois de juillet arrivèrent les heures vides et brûlantes des vacances. Antoine et Julien passaient tous leurs après-midi avec Monique. L'un des deux allait parfois se baigner, l'autre restait avec elle. Ils semblaient s'être installés dans cette vie comme si elle devait durer toujours. Vers midi parfois, Monique sortait une heure, sans jamais s'éloigner de l'entrée de la caverne de plus d'un mètre, pour prendre le soleil et se refaire du sang rouge. La chaleur la recouvrait comme un édredon et elle fermait les yeux...

Un jour, tandis qu'Antoine nageait dans le marais et qu'elle se tenait assise à côté de Julien, le menton sur les genoux, elle dit d'une voix plate tout en continuant à regarder devant elle et comme s'il s'agissait d'une chose sans importance :

« Je sais qu'ils ont tué papa. »

Julien se tourna vers elle aussi bouleversé que s'il apprenait lui-même la nouvelle. Elle ne bougeait pas, son visage lui aussi restait immobile. Puis elle enchaîna :

« Je le sais depuis un moment ! Je me demandais si tu me le dirais toi aussi. Tu ne me l'as pas dit. »

Elle se tourna alors vers lui et le fixa avec gravité. Avec un air qu'il ne lui connaissait pas. Il se sentait plus mal à l'aise qu'il ne l'avait jamais été. Il baissa les yeux et rougit.

« Pourquoi tu ne me l'as pas dit ? »

Il ne répondit pas.

« Réponds-moi ! » demanda Monique.

Il balbutia sans oser lever les yeux.

« On s'était dit qu'il fallait pas... que ça servait

à rien tant que tu étais ici... que peut-être si tu le savais tu te sauverais... je sais pas moi ! »

Puis il releva la tête :

« Parce que c'était pas la peine que tu sois plus malheureuse ! Voilà pourquoi ! »

Elle hocha la tête sans cesser de le dévisager et murmura :

« Antoine me l'a dit un après-midi que tu n'étais pas là.

— Pourquoi il a fait ça ?

— Je ne sais pas. On ne s'était pas disputés ni rien. Il m'a dit ça comme ça. Il ne voulait pas que je sorte de la grotte. Même pas pour prendre le soleil. Il m'a dit que si on me voyait on me dénoncerait et que les Allemands m'emporteraient et me tueraient. C'est là qu'il m'a dit qu'ils avaient tué papa et les autres.

— Pourquoi tu m'as rien dit ? demanda Julien, effondré.

— A la nuit, je suis sortie. Je suis allée jusqu'à ta maison. Je ne voulais plus rester ici.

— Et si on t'avait vue ? » dit Julien presque en criant.

La colère le gagnait qui, jointe à l'émotion, lui faisait trembler la voix.

« Je suis repartie presque aussitôt, continua Monique et je ne suis plus jamais sortie. Je me demandais si toi aussi tu allais me dire pour papa.

— C'est un salaud ! fit Julien. On avait promis... Mais pourquoi ? Pourquoi il t'a dit ça ?

— Je sais pas, dit Monique. Je sais pas... »

Et elle se mit à pleurer.

« Pleure pas. »

Il lui saisit la main et l'embrassa.

« S'il te plaît, pleure pas ! Monique... Je sais pas quoi te dire, moi...

« Antoine, tu comprends, il veut toujours être le plus malin... le plus fort... il a fait du sale travail. Du sale travail de salaud ! Je te jure, je vais lui dire...

— Non ! l'interrompit Monique. Lui dis rien ! Jure-moi que tu lui diras rien.

— Mais...

— Jure-moi.

— Je te le jure.

— Regarde-moi quand tu jures.

— Je te le jure, répéta-t-il en la regardant.

— Juré ?

— Juré ! »

Elle s'approcha de lui, l'embrassa à son tour sur les deux joues et passa un bras sur ses épaules. De sa main droite elle sécha ses larmes. Puis elle dit :

« Tu es le plus gentil du monde. »

Julien ne savait plus où se mettre. Il rougit de nouveau. Elle continua d'un ton décidé et tout à fait naturel.

« Antoine veut qu'on se marie lui et moi quand on sera grands mais moi c'est avec toi que je me marierai parce que tu es le plus gentil. »

Julien resta muet, pétrifié. Déchiré entre sa peine et son bonheur, il ne savait plus où il en était. Les mots et les images s'entrechoquaient dans sa tête.

« Tu veux bien ? demanda Monique.

— Ben... ben oui ! Bien sûr ! Bien sûr que je veux ! Je...

— Moi je t'aime beaucoup. Tu es le plus gentil de tous. Je le sais bien. On restera toujours ensemble. Tu veux ?

— Oui. »

Elle se redressa et dit :

« Je redescends. »

Il fit oui de la tête et resta assis. Quelques nuages noirs passèrent dans le ciel qui virait lentement du bleu au violet, un souffle orageux secoua les arbres et le soleil devint plus cuivré. Un picvert se colla contre le tronc d'un chêne. Sa tête penchée tantôt à gauche tantôt à droite, il observa longuement l'enfant immobile. Puis il entendit un pas qui faisait craquer les branches mortes en contrebas. Alors d'un seul coup d'ailes il s'envola en criant et disparut au plus profond du bois.

Antoine apparut et dit à Julien :

« Magnons-nous de partir, l'orage va péter, c'est tout noir derrière la colline ! »

Julien se leva, rejoignit Antoine et ils dévalèrent le sous-bois en courant. Arrivé au marais, Julien avait dix mètres d'avance.

*

Le 22 août le chef-lieu du canton fut libéré. Le 23 août Monique réapparut dans le village stupéfait. Le maire s'occupa d'elle immédiatement. Le 24 août elle était à Bordeaux, d'où elle téléphona à Julien qu'elle partait « pour l'Amérique » le lendemain. Elle promit de lui écrire dès son arrivée à New York et lui dit qu'elle n'avait pas retrouvé « tu sais, le petit sac que je portais autour du cou et qu'on avait caché dans la grotte, dans la chambre d'Antoine, mais qu'elle s'en fichait bien et que ça n'avait plus d'importance ».

Le soir même, Julien répéta à Antoine l'histoire du petit sac perdu.

Antoine trouva tout de suite la solution de ce mystère sans importance.

« Tu parles ! C'est tous les gens, les gendarmes et tout ça qui sont allés voir la grotte après. Ils ont fouillé partout, ramassé toutes les affaires. Sûrement qu'ils lui enverront tout en Amérique après.

— Sûrement ! » dit Julien soulagé.

*

Et puis ce fut septembre et les prairies qui ne vibraient plus d'insectes et de grillons. Et puis les premières palombes, les grelots des troupeaux dans la brume, le vent d'ouest qui sentait l'humidité et la mer. Et puis ce fut la rentrée des classes...

Monique écrivait chaque semaine à Julien de longues lettres ; elle racontait l'interminable suite des aventures de l'aigle-renard. Et puis New York, sa nouvelle vie. La cinquième semaine, Monique lui dit qu'elle venait d'apprendre la mort de sa maman. Qu'on lui avait caché cela si longtemps... Puis elle n'écrivit plus.

La nuit, dans son lit, Julien essayait d'imaginer ce que faisait Monique à cette heure-là dans cette ville de géants à des milliers de kilomètres du vieux pays endormi.

Par la fenêtre il regardait le ciel illimité sur sa tête et se disait qu'un jour, lui aussi, il prendrait des avions. Qu'un jour il partirait...

V

L'ŒIL cerné et battu, Sally embrassa Julien puis Monique et s'en alla d'un pas traînant vers sa chambre, gestes flous et allure incertaine. Elle avait assisté à l'enterrement d'Antoine et tenu bon tout l'après-midi, mais à présent elle n'en pouvait plus.

« Le décalage horaire la crève, dit Julien, lorsqu'elle eut disparu, des journées pareilles, pour un gosse...

— Je lui ai donné un cachet, répondit Monique. Elle va dormir douze heures, demain elle sera d'attaque.

— Tu lui donnes des somnifères! » s'exclama Julien sur un ton de reproche.

Monique sourit en hochant la tête d'un air à la fois rieur et las, comme si elle entendait depuis des siècles proférer les mêmes sottises par le même irresponsable.

« Ecoute, c'est moi qui élève Sally et c'est moi qui suis médecin. Ce n'est pas un somnifère. Rassure-toi, je ne ferai pas de ta fille (elle insista sur *ta*) une débile mentale.

— Bien ! Bien ! fit Julien en levant les mains, paumes ouvertes en un geste de paix.

— Tu ne vois pas Sally pendant des mois, enchaîna Monique, tu oublies de lui écrire, de l'appeler, de lui souhaiter son anniversaire... enfin... tu as des absences... incroyables ! Et lorsque tu la revois tu te conduis comme un grand-père gâteux. Tu te couches littéralement sur elle et tu fonds.

— C'est vrai, admit Julien, je... »

Il se tut car Mme Delpeyrat entrait dans la salle à manger.

« Je peux débarrasser ? demanda-t-elle à Monique.

— Oui, dit Monique en se levant, mettez tout ça dans la machine à laver et sauvez-vous, madame Delpeyrat.

— Je vous ai servi le café dehors, dit la femme de ménage. Je partirai par-derrière, j'ai garé ma voiture dans l'allée. Demain neuf heures ? Ce n'est pas trop tard ?

— Ce sera parfait. A demain, madame Delpeyrat, et merci. »

La salle de séjour s'ouvrait sur une vaste véranda. Ils s'assirent dans les fauteuils en osier. Julien posa ses talons sur le garde-fou et s'étira en regardant la nuit.

La campagne qui vivait le jour dans le chant des grillons et des cigales s'endormait dans celui des crapauds. Une vapeur d'eau très fine était suspendue entre la terre et le ciel, où flottait une lune douce, la silhouette de la maison se découpait, carrée, sur l'herbe bleue du plateau. En contrebas, on apercevait un pan du grand marais qui luisait en reflets d'étain.

« Quelle paix! dit Monique. Tu veux du café?

— Non, je n'en bois plus le soir. Mais je prendrai bien un verre.

— Ah! » fit Monique.

Il vit son visage se fermer. Il sourit.

« Ne te dérange pas, je me sers. »

Il revint quelques secondes plus tard. Des glaçons tintaient dans un grand verre de whisky. Il s'assit, but une gorgée et dit :

« Pourquoi fais-tu « Ah! » sur ce ton? Tu sais bien que je ne bois plus.

— Je sais. Mais je n'aime pas te voir un verre à la main.

— Tu ne m'as pas vu souvent un verre à la main.

— C'est vrai. Tu avais la convivialité buissonnière et l'alcool plutôt vagabond — elle réfléchit quelques secondes et ajouta : — l'alcool et le reste. Je dois reconnaître que tu n'as jamais été de ce genre d'homme qui encombre les vies et les salles de bain. »

C'était dit sans amertume, avec le ton paisible d'un constat d'évidence.

Julien sourit de nouveau. Il savait maintenant que sa gloutonnerie de vivre l'avait fait tout avaler de l'existence alors qu'il croyait avoir choisi, en liberté, de la mener à sa guise. Dévoreur des grandes autoroutes : travail, reportages, cinéma, littérature, guerres, passions diverses, il n'avait pourtant négligé aucun chemin de traverse : goût de la nuit, des voyages, des copains, des discussions et des serments d'ivrogne. De telle sorte que si (par quel miracle ?) il ne se sentait pas épuisé, il avait tendance à se dire de plus en plus clairement qu'il n'avait, en réalité, passé son temps qu'à répondre à toutes les sollicitations en se donnant l'illusion d'émarger à toutes les libertés.

Il savait combien ses escapades lui avaient dévoré d'énergie et de temps. Et combien il est odieux, pour ceux qui n'ont pas participé aux équipées de la nuit, d'entendre les compagnons de l'aube, teint défait mais assurance repassée de frais, raconter ce qu'ils pensent être leurs exploits, physiques pour la plupart, et qui n'étaient guère autre chose que les signes extérieurs d'une débandade morale. Combien il était dommage de n'avoir vu ni grandir sa fille ni se détacher sa femme.

Mais il savait aussi que cette fantaisie qui ressemblait parfois à une fuite en avant donnait à la vie un aspect d'inachevé qui est toujours bon à prendre, la quarantaine passée. A côté de tant de temps perdu il restait les souvenirs et surtout les amitiés.

Il cultivait maintenant la mélancolie légère, et s'efforçait de ne jamais sombrer dans la gravité qui en est le continent le plus proche. Peut-être, à la fin, ne lui restait-il plus aujourd'hui que le meilleur de lui-même. Il est ainsi des natures longues à se décanter...

Monique ne pouvait pas le savoir. Et Julien, peu porté d'ordinaire à observer sa propre trajectoire — il craignait trop de s'ennuyer ou de ne plus s'y retrouver —, ignorait qu'il abordait au rivage de la sérénité.

Et le lui aurait-on dit, qu'il aurait répondu : « Trop tard ! »

Il se revit soudain en ce dimanche de soleil sur la N 14 au sortir de Saigon... Marie était arrivée l'avant-veille. Photographe « free lance », elle débarquait après avoir tout joué sur ce voyage. Elle n'était pas de ces photographes-prétextes, hippies, canailles, ou baba-cool lancés au hasard vers l'Extrême-Orient et la guerre américaine au Vietnam, dont regorgeaient les bars d'hôtel et les arrière-cours. Elle était une vraie photographe, folle de photos, forte d'une de ces passions si violentes qu'elles ne se manifestent plus par le verbe. Elle était menue, brune : sous le front bombé couvait l'admirable regard. Elle venait de Bordeaux. C'est tout ce qu'il savait d'elle. Il l'avait amenée ce dimanche sur la N 14. C'était encore l'époque où la guerre s'arrêtait parfois volontiers le septième jour. Elle avait vu des soldats vietnamiens, frêles torses nus d'enfants, appliqués à peindre des dragons sur leurs tanks, elle les avait vus donner une pièce de théâtre en plein air... Et, coup de chance, Julien et Marie n'étaient pas partis lorsqu'un détachement ennemi avait poussé une pointe...

Les soldats-acteurs sud-vietnamiens s'étaient rués à la défense. Plusieurs d'entre eux — rôles obligent — étaient déguisés en femmes avec perruques et faux seins. Ils avaient tout juste eu le temps de coiffer un casque et de saisir leur arme avant d'aller se battre. Ainsi Marie avait-elle réussi des photos assez stupéfiantes, surréalistes, de soldats asiatiques à perruques s'échappant en mèches blondes sous le casque, la joue collée à la crosse, une médaille de bouddha crochetée entre les dents, calés sur leurs faux seins au bord de leurs trous de défense individuels...

Une série de photos tout à fait extraordinaires qui se répandit aussitôt dans la presse du monde entier. Et puis très vite, tout naturellement, Julien et Marie vécurent ensemble à Saigon. Un soir, ils s'étaient retrouvés seuls face à face, éberlués, ayant oublié le pouvoir des mots contre l'évidence de ce qui les jetait l'un contre l'autre.

Julien se souvenait de ces jours-là comme d'un rêve...

Aussitôt, il avait écrit à Monique pour lui dire la vérité. S'il était coureur de nuits, de chaleur et d'amitiés, Julien, pendant toute la durée de son mariage, n'avait guère couru après les femmes. Il lui était déjà arrivé, en reportage, de tromper Monique mais jamais il ne s'était senti engagé dans ces brèves rencontres vite dissoutes par les décalages horaires. Avec Marie plus rien n'était pareil. Il trouvait en elle tout ce qu'il avait espéré trouver en Monique lorsqu'ils s'étaient revus en 1964, vingt ans après ce qu'ils appelaient « l'été de l'aigle-renard ». Il lui avait fallu longtemps pour se rendre compte qu'il avait d'abord épousé un souvenir et que, vingt ans après, Monique n'était plus une inventeuse d'histoires mais une femme rapide, vive, intelligente, une femme d'aujourd'hui qu'il aimait mais qu'il ne savait plus aimer.

Elle répondit à sa lettre sans aucune humeur, se bornant à constater l'évidence : « Tu ne seras jamais adulte... »

Trois jours plus tard, Marie était déchiquetée par une mine. Julien rentra à Paris une semaine après. Monique l'attendait à l'aéroport. Elle n'en parla jamais. Lui non plus, mais ils savaient que leur trajectoire commune touchait à sa fin...

Un matin, il lui avait dit : « Je crois qu'il vaudrait mieux que je quitte l'appartement. » Elle lui avait répondu que ce n'était pas la peine. Qu'elle avait décidé, elle, de quitter la France pour New York et que, bien entendu, elle emmènerait Sally.

Lorsqu'il était revenu de Roissy seul dans sa voiture, il avait failli se laisser aller à un désespoir où il découvrit bien vite un apitoiement sur lui-même. Il eut honte. Puis il eut de la peine de ne pas avoir de peine. Il attendait cette séparation, ce divorce, comme un « moment » de vie, avec la curiosité ardente de ses propres réactions, prêt à souffrir. Mais rien. Autant l'idée de ne plus voir Sally que deux ou trois fois par an le faisait saigner, autant Monique se retirait de plus de dix ans de vie commune sans agiter en lui ni vagues ni tumultes.

Il se dit qu'il avait été beaucoup plus bouleversé lorsque Monique était partie en 1944. Beaucoup plus bouleversé lorsqu'ils s'étaient retrouvés en 1964... Il se crut devenu adulte et pensa : « Voilà le bouquet ! »

*

« C'est tout ce que tu trouves à me dire ? demanda Monique.

— Pardon ! dit Julien, je rêvassais.

— C'est une journée... étrange. J'ai assisté à tout ça... comme au spectacle. Je n'ai pas encore bien « saisi » que c'était Antoine qu'on enterrait.

— Moi si. Cette fois ça y est, dit Julien.

— Ça devrait être le contraire pourtant ! Après 44, vous avez pour ainsi dire vécu ensemble si longtemps...

— C'est vrai. Mais je crois qu'on avait déjà vécu le meilleur... »

*

De la classe de sixième à la classe de philosophie, Antoine et Julien ne se séparèrent pas. Internes, ils ne quittèrent guère le sinistre lycée Godefroy-de-Bouillon qui dressait ses hauts murs au cœur d'une sous-préfecture noire où, d'octobre à la fin mai, les ruelles étaient désertes dès six heures du soir. Leur turbulence naturelle leur valait d'être sans cesse punis; une très longue période d'enfermement commença.

Cet exil les réunit. La taille et la force exceptionnelles d'Antoine les mettant à l'abri des brimades exercées par les « grands » sur les « petits », ils se réfugièrent pendant les trois premières années dans une vie recluse et diminuée. C'était un de ces lycées imbéciles comme il en existait beaucoup alors; des lycées où l'ennui tuait... L'ennui, le silence et l'angoisse du châtiment. Tout était interdit : la parole, le rire et l'imagination. Le moindre mot au dortoir, en étude, dans les couloirs, où s'allongeait la longue file des blouses grises, et c'était un, deux, trois, voire quatre dimanches consécutifs de « consigne ». C'est-à-dire d'interdiction de sortir. Sauf deux heures, toujours en rangs par deux, route de Toulouse, de Bordeaux ou de Paris sous la surveillance d'un pion... Silhouettes raides, rayées de pluie... écrasées de soleil... L'internat était devenu un internement.

Combien passèrent-ils de dimanches après-midi sur les routes ? Et de dimanches soir de dix-huit à vingt et une heures dans des salles de classe désertes, à bâiller sous la lumière blanche des ampoules, seuls, à faire semblant de travailler ? La brève coupure du dîner et de la récréation ne parvenait plus à les sortir de leur torpeur. Ils n'avaient plus le sens du temps qui passe. Ils réduisaient leurs besoins au minimum, s'alanguissaient au fil des mois, se lavaient de moins en moins, rêvaient de plus en plus. C'était un régime pré-carcéral qui, d'ordinaire, conduisait tout droit ces enfants « de modeste extraction », campagnards pour la plupart, habitués à vivre libres, vers un parfait abrutissement. Très vite, presque tous travaillaient mal. Dès la classe de troisième, les rescapés ne visaient plus qu'à devenir instituteurs (dans le meilleur des cas), en ce temps-là le bac suffisait, ou petits fonctionnaires aux « postes » ou à la S.N.C.F.

Les jours et les nuits s'empilaient, indifférents, les uns sur les autres, au rythme des masturbations quasi quotidiennes, des cuites quasi hebdomadaires (les externes apportaient du vin que les internes buvaient aux vestiaires chaque samedi soir entre minuit et deux heures du matin), des conseils de discipline mensuels et des compositions trimestrielles.

Antoine et Julien, élevés sans aucun souci religieux, étaient devenus des fidèles de la messe du dimanche matin. Car ceux qui le désiraient étaient conduits, sous bonne garde, à l'église Saint-Antoine, distante de huit cents mètres du lycée. C'était l'occasion de marcher en ville, de voir des magasins, des gens libres, des filles aux seins de fête et aux lèvres rouges qui, avec leurs mamans, s'en allaient « aux commissions ». Après quelques dimanches, ils découvrirent qu'il était possible, à condition de prendre les bonnes places derrière un certain pilier, de quitter l'église par une porte latérale. C'était l'occasion de voler vingt minutes, ce qui suffisait pour gagner un bistrot nommé les Barriques et pour boire des verres de vin cuit de Frontignan. Ils s'arrêtaient juste avant que leur démarche devienne trop visiblement incertaine. Pendant des années, plus tard, Julien associa toujours l'odeur de tous les vins cuits à celle de l'encens, aux psalmodies de la messe en latin et à la vision des murs du lycée Godefroy-de-Bouillon. On a les dames de jadis et les madeleines qu'on peut...

Ceux des « grandes classes » s'évadaient eux aussi, mais en direction d'un bar voisin doté de quelques « serveuses montantes » d'où ils revenaient éclatants d'orgueil et de mystère. Antoine et Julien ne connurent pas la deuxième phase des évasions liturgiques car, las de mener cette vie, ils entrèrent dès qu'ils purent dans l'équipe de rugby. Et leur vie changea du tout au tout.

En ces temps très anciens, appartenir à l'équipe du lycée c'était s'ouvrir la porte d'une manière de paradis. Un paradis idiot mais un paradis quand même; car, à côté de la violence, du machisme exacerbés et de l'ambiance particulièrement sotte

180

qui régnait là, les élus devenaient intouchables par les pions ordinaires.

Un titulaire de « l'équipe première » engagée dans le championnat d'Académie et de France, relevait alors de la seule autorité du censeur. Il n'allait plus jouer dans la cour de récréation mais s'entraîner sur le stade; il n'était pratiquement plus puni dans la mesure où les autorités avaient constaté qu'une punition provoquait toujours une douleur soudaine à la cuisse ou à la hanche qui empêchait la victime de jouer le jeudi. On traitait de puissance à puissance... Dans les matches du jeudi (au soir desquels, en déplacement, il était possible de trouver des filles) où, d'octobre à avril sur des terrains devenus des lacs de boue, se jouait « l'honneur du lycée » (comme disait M. le censeur) c'était un déferlement de chauvinisme ultralocal, de brutalité et de recherche du résultat à tout prix. Dans ces matches où, toujours selon M. le censeur, « se formaient des hommes », il n'y avait de place que pour les moutons, peu nombreux, et les cannibales, majoritaires. Une formation d'où il était difficile de sortir tout à fait innocent.

D'entrée de jeu, Julien se tailla une place à part tant ses dons d'adresse, de vitesse et de vista étaient éclatants. Tellement éclatants qu'il survolait les choses sans douleur. Il était « la vedette ». Si bien que dès l'âge de dix-sept ans il joua dans le club « civil » de la ville, ce qui le mit rapidement sur le chemin de l'équipe de France dans laquelle il entra à vingt ans.

Antoine, moins doué par nature, dut attendre

que s'épanouisse sa force colossale pour suivre le même chemin.

Comme à son habitude, tenace et appliqué il se mobilisa tout entier (à l'exception d'une petite part de lui-même qu'il abandonna au jeu d'échecs) pour réussir dans le sport. Julien, au contraire, ne dormait que d'un œil et dès la classe de deuxième s'immergea dans un océan de lectures. De même que le rock le mit à rebrousse-pente sur la vieille piste du jazz, les traductions de romans policiers américains le lancèrent sur le chemin de la littérature américaine. Il découvrit les Français et les Russes plus tard, mais le choc ne fut pas le même. Les Américains des villes puis ceux des grands espaces augmentèrent beaucoup sa propension naturelle à sortir de son enfermement pour habiter un monde qui lui convenait. Il se sentait même tellement chez lui dans le restaurant du *Facteur, Rue de la Sardine* ou dans les vergers des *Raisins de la colère*, il voyait tellement les paysages, il en respirait si fortement les odeurs, il sentait si bien l'atmosphère du ranch de *Des souris et des hommes* qu'il se demanda un moment si, après tout, il ne fallait pas croire que l'on ait vécu une autre vie sous une autre enveloppe. C'est Mauriac qui, plus tard, lui apporta la réponse : « L'art des villes et l'art des champs surtout depuis Baudelaire c'est une ligne de partage... je connais ma famille invisible... »

Fou de romans, Julien ne songeait alors pourtant pas à essayer d'en écrire. Il ne savait pas qu'il en écrirait un jour. Il était alors trop avide de voir le monde pour se satisfaire de voyages intérieurs. Il voulait vivre ! vivre ! vivre ! Prendre une revanche sur son existence depuis l'enfance recluse. Le sport lui permettait enfin de mettre le nez à la fenêtre et il ne voyait pas d'autre solution que le journalisme pour prendre son envol.

Antoine trouvait l'idée « épatante » et le confortait, lui-même restant mystérieux sur ses projets. Il se concentrait sur la haute compétition avec une ferveur de moine-soldat. Dès qu'arrivait le jeudi on ne lisait dans son regard qu'une seule passion...

Cette singulière trajectoire éducative les lia très fort. On ne traverse pas ces épreuves sans s'accrocher à quelqu'un. Elles ne peuvent paraître anodines que si on ne cherche pas à les approcher.

Il y avait là, à profusion, ce qui à l'époque était des ingrédients rares : la violence, la peur, le sexe, l'alcool... Mais tout cela, alors, ne portait pas de nom : tous ces « gamins gladiateurs » croyaient que le goût qu'ils avaient sur la langue était celui de la liberté. Il leur fallut longtemps pour comprendre — et tous ne le comprirent pas — que la liberté pouvait emprunter d'autres chemins. Il faut dire qu'au lycée Godefroy-de-Bouillon, s'il existait d'autres chemins, ils étaient bien cachés puisque personne ne les trouva jamais... A part quelques externes, fils de la bourgeoisie locale, qui n'étaient pas confrontés à l'aspect carcéral de ce type d'enseignement secondaire.

Pendant ce temps-là, Rochecourbe et leur enfance sortaient lentement de leur mémoire. Leurs pères étaient un beau soir revenus ensemble de captivité. Elevés dans leur culte et n'en ayant aucun souvenir, Antoine et Julien s'étaient fabriqué des sortes de demi-dieux au regard de guerrier et au thorax en bouclier. Ils virent revenir dormir dans le lit de leurs mères des hommes ordinaires, aux mines défaites, maladives et aux propos gentils mais rabâcheurs, qui les déçurent énormément. Les héros n'étant pas au rendez-vous, il fallut se tourner vers d'autres moissons que l'on soupçonnait proches. Car si Rochecourbe demeurait depuis l'éternité retranché derrière ses collines, la radio, les premiers disques, comme une rumeur d'insurrection poussée par le vent, violaient les frontières éternelles. On sentait palpiter une autre vie, un autre monde, un autre destin possible, rythmé par les premiers airs de rock...

Le rugby leur offrit leurs premiers voyages, la possibilité de rencontrer des gens différents de ceux qu'ils avaient toujours connus. Des gens riches qui avaient vécu...

A l'issue du bac philo les parents de Julien furent mutés en banlieue parisienne. Julien entra à la Sorbonne, en lettres.

Ils signèrent ensemble dans le plus grand club parisien de rugby; ainsi Antoine put-il à son tour s'inscrire en faculté dans la capitale. Il choisit celle de droit, la plus proche de son studio.

Mais déjà la guerre d'Algérie montait à leur horizon. De sursis difficiles — ni l'un ni l'autre n'avaient la moindre envie de terminer leurs études supérieures — en passe-droits obtenus par leur qualité d'internationaux de rugby, ils tinrent le coup près de trois ans. Entre-temps, Julien avait pris pied dans plusieurs journaux. Bénéficiant de sa célébrité sportive, d'un don de curiosité évident et doté surtout d'une plume allègre et

184

d'une sensibilité peu conventionnelle, il se mit à écrire des articles un peu partout jusqu'à ce qu'un quotidien du matin lui propose une place fixe de journaliste à la rubrique sportive. L'affaire se traita dans un restaurant proche des Champs-Elysées. Perrot, le directeur de la rédaction, journaliste politique très connu, avait dans sa jeunesse été un athlète de bonne renommée. Il était le seul spécimen de cette espèce en France où, à la différence des pays anglo-saxons, les patrons de journaux ont — bonnes ou mauvaises — des lumières sur toutes les activités humaines sauf sur celles touchant un sport. Perrot aimait Julien comme le fils qu'il n'avait pas eu.

« Je t'embauche, lui avait dit Perrot, mais à condition que tu me promettes une chose : tu ne resteras pas plus de quatre ans dans le sport. Quand on a les tripes que tu as on joue le jeu à fond. Tu te vois à cinquante balais aller faire le compte rendu d'un match à Tarbes ou à Dunkerque ? La vie n'est pas là, mon petit !

— Pourquoi pas ? avait répondu Julien choqué. On peut réformer ce journalisme-là... Pourquoi le laisser dans le genre mineur ? »

Perrot avait bu un verre cul sec et avait regardé Julien dans les yeux, l'air mauvais.

« Parce qu'en France c'*est* un genre mineur, fils ! Tout simplement. Le sport ça se vit ou c'est pour la télé. Tu verras... n'importe quoi d'autre... la politique, le grand reportage, les spectacles, les infos générales, les nuits au marbre, c'est du journalisme... » Il s'était resservi un autre verre. « Tu es doué. Je suis sûr que tu es doué. Si tu gâches ça, je te foutrai en l'air. Du sport ne retiens qu'un truc : l'impossibilité dans laquelle tu te trouves de reculer quand tu es face à l'épreuve ou face à un autre type. Envisage le journalisme comme ça. Y' a que comme ça que tu éviteras de tourner ringard ou gâteux. Le sport tu connais ça par cœur. Tu n'auras pas de mal à être dans les meilleurs et même le meilleur. Et alors ? Qu'est-ce que tu auras fait de ta vie ? T'auras fait quatre ou cinq ans de compétition et tu auras vécu quarante ans là-dessus, comme un vieux mac ! »

Julien s'était défendu :

« A mon âge, j'en ai fait déjà plus que la plupart des types qui en parlent et qui en vivent... Je pourrais souffler un peu après tout ! Je veux lire, voyager...

— Si tu souffles, fils, tu es foutu ! Si tu es content de toi et que tu te satisfasses de ce que tu fais, tu es fini, fini. »

Ils étaient restés à table jusqu'à quatre heures de l'après-midi, ils étaient ivres lorsqu'ils la quittèrent. Il revenait à Julien de choisir. Vite. Signer son contrat et aller faire son service militaire. Ou tenir encore un sursis incertain. Le soir avec Antoine ils choisirent ensemble de partir pour l'armée. Antoine, lui, décida sur-le-champ au retour du service militaire de reprendre la scierie paternelle. Il en avait le goût, les moyens. Et l'envie de gagner de l'argent.

« Et puis tu vois, je sais un truc maintenant : Paris c'est pas fait pour moi, avait-il dit à Julien. Pour vivre ici il faut être comme toi : une truite. Moi, je suis plutôt du genre crocodile, j'ai mes qualités mais j'ai un gros défaut, j'ai besoin d'espace pour me retourner... »

Ils se dirent d'abord qu'une décision pareille devait fatalement se fêter par une cuite mémorable. Et puis ils changèrent d'avis. Ils allèrent dîner au restaurant de leur club et demandèrent à leur président d'intervenir auprès du président de la fédération de rugby afin qu'il fasse que leur séjour en Algérie soit le plus bref possible.

« Vous êtes trop connus pour y couper, dit le président, ça ferait un scandale. Mais on doit pouvoir s'arranger pour que sur vos vingt-huit mois vous n'en passiez pas plus de dix là-bas. Et assez à l'abri. Après tout, quand vous jouez, vous servez aussi la France. Non ?

— Et comment ! » avait fait Antoine, cynique.

Ils passèrent un an en Algérie. Mais pas à l'abri, au contraire des espoirs du président. La parenthèse faste s'achevait.

L'armée, au début, au regard de ce qu'ils avaient connu au lycée Godefroy-de-Bouillon, leur parut somme toute plus bête que méchante. La guerre, en revanche, entra dans leurs vies, comme des retrouvailles avec l'horreur qu'ils croyaient avoir oubliée depuis 1944 à Rochecourbe. Mais cette fois, c'était à eux de jouer. Et ce match-là n'était pas à l'évidence d'un *fair-play* exquis. Leur enfance et le sport de haute compétition les avaient adaptés à une certaine forme de courage et leur avaient, très jeunes, tanné le cuir. La guerre leur apprit qu'ils en savaient moins long qu'ils ne le croyaient sur les autres et sur eux-mêmes.

Ils n'en étaient pas encore là. Le soir, Julien

écrivit une longue lettre à ses parents pour leur dire qu'il avait, enfin cette fois, choisi sa vie. Dans les moments importants il préférait écrire.

Il se coucha l'âme légère. Il regarda par la fenêtre le ciel rougeâtre de Paris et se dit qu'il tenait le serment qu'il s'était fait, enfant, à Rochecourbe : un jour, il prendrait des avions... un jour il partirait.

Partir allait être toute sa vie. Il l'avait tellement espéré et voulu, aux soirs les plus sombres dans les classes crasseuses du lycée Godefroy-de-Bouillon où il rêvait sous l'œil du pion. Partir...

*

Leur cuite, ils se l'offrirent sans aucune préméditation au cours du match France-Écosse, quinze jours avant leur départ pour l'Algérie. Les Écossais formaient alors une équipe dite « de tradition », c'est-à-dire loyale, bornée, sans l'ombre d'une imagination, donc sans vices, mais d'une force physique stupéfiante. Elle représentait ce que l'on appelle en tauromachie un « toro brave ». Elle était bête, chargeait droit et répondait à toutes les sollicitations. Antoine et ses avants jouèrent le rôle du picador avec un entêtement et une méchanceté telles que les tribunes de Colombes chavirèrent de bonheur. Lorsque l'Écossais eut perdu beaucoup de sang, Julien et ses attaquants, dans des drapés tantôt secs tantôt flamboyants, mirent l'animal sur le flanc en prenant soin de faire durer l'agonie.

On écrit encore sur « ce match d'anthologie »...

Le public prit feu une fois, deux fois, trois fois

pour ne plus cesser de flamber dans les dernières vingt minutes. Des fusées montaient dans le ciel gris, on hurlait : « MAÏ-LLE-BAL ! MAÏ-LLE-BAL ! ou CA-ZALS ! CA-ZALS ! » sans discontinuer. Ils jouaient dans un rêve. Julien ne commit pas une seule faute; il fit ce qu'il voulut, quand il le voulut. Il se sentait passager de son propre corps... Il était fils de roi...

« Putain ! avait dit Antoine aux vestiaires, ça valait le coup de vivre ça ! On fera jamais mieux ! »

Il était surexcité.

Julien, qui avait marqué deux essais, avait au contraire retrouvé tout son calme. L'euphorie physique était tombée de lui en même temps que l'arbitre sifflait la fin. Il avait regardé les fusées bleues et rouges éclater sous les nuages et s'était dit qu'il y avait là quelque chose de symbolique qui lui annonçait la fin d'une fête.

Dans les vestiaires, il eut froid et se mit à trembler. Il n'y prit pas garde. Comme tous les athlètes pur sang, il était sans défaillance dans l'effort; mais lorsque les nerfs lâchaient il s'effondrait. C'était chaque fois pareil. Il lui arrivait même, pendant une heure ou deux, d'avoir une poussée de fièvre.

Antoine avait repris :

« Oh ! Tu réponds ? Ça valait pas le coup, oui ou non ?

— Oui, avait répondu Julien. Sûrement ! Il n'empêche que c'est vraiment un truc de cons.

— Tu veux que je te dise, avait répliqué Antoine, l'air mauvais, je voudrais pas vivre ta vie à ta place. T'es jamais content ! t'as pas fini de t'emmerder et d'emmerder les autres.

— Mais non...

— Mais si ! T'es un curé ! Voilà ce que tu es. Tu fais un truc puis tu regrettes... puis tu regrettes de regretter... et puis tu te demandes si tu aurais autant de regrets si tu ne l'avais pas fait. T'as vraiment un côté branleur qui m'énerve.

— T'es trop gentil, avait fait Julien. Lâche-moi un peu. Je suis assez grand pour traverser tout seul ! »

Puis il s'était dirigé vers les douches et s'était enfoui avec d'autres joueurs dans l'immense baquet d'eau chaude. Ils chantaient à tue-tête. Il n'avait pas envie de chanter. Par la porte entrouverte, il regardait Antoine répondre aux journalistes... Il comprenait un peu mieux Perrot...

*

Julien avait fini son verre depuis longtemps. Il n'osait pas le remplir de nouveau. Il se tourna vers Monique :

« J'avais des tas de choses à te dire et puis... et puis voilà, fit-il en laissant tomber ses avant-bras sur l'accoudoir.

— Moi aussi, dit-elle, moi aussi. On ne veut pas se l'avouer mais je crois qu'on est choqués par l'enterrement. »

Cette explication commode et rationnelle arrangeait Julien. Il se demanda si Monique disait cela avec malignité. Il la regarda et conclut que non. Elle était ainsi. Elle était devenue ainsi peu à peu. Elle donnait des explications à toutes choses. Et sa présence, pourtant, le secouait...

« Béatrice t'a parlé ? demanda-t-elle.

— Non! Juste bonjour. Et à toi?

— A peine... Enfin, elle m'a dit qu'elle nous téléphonerait dans vingt-quatre heures, qu'il fallait qu'on se voie, qu'on déjeune...

— Qui ça « on »?

— Toi, elle et moi. C'est toi qu'elle appellera ici.

— Qu'est-ce que tu crois qu'elle pense?

— De quoi?

— De la maison... du marais...

— Je n'en sais rien... je crois qu'elle s'en fout. A mon avis, elle ne va pas traîner à Rochecourbe.

— J'ai à peine écouté chez le notaire tellement j'étais surprise. Qu'est-ce qu'il lui laisse à elle?

— Je n'ai pas tellement fait attention. A mon avis ça va chercher entre soixante et cent briques. Elle a de quoi voir venir...

— Quand j'ai entendu que j'héritais de la maison et du marais, je te jure que ça m'a fichu en l'air. Je ne m'y attendais pas... Et toi? Sincèrement?

— Sincèrement je ne pensais à rien, je n'avais pas d'idée là-dessus.

— Pourquoi ne t'a-t-il rien donné à toi?

— Pourquoi voulais-tu qu'il me donne quelque chose?

— Et à moi, Seigneur! Pourquoi me donner la maison et le marais?

— Souvenirs d'enfance, fit Julien, c'était toi l'héroïne, non? Et puis il t'aimait... et puis... comment veux-tu savoir ce qui se passe dans la tête d'un type qui va se suicider? Peut-être a-t-il eu un remords?

— Quel remords voudrais-tu qu'il ait eu? »

Julien hésita et dit :

« Ecoute, Monique, j'en sais rien moi ! Tu me demandes mon avis, je te le donne... »

Ils restèrent un long moment silencieux puis Monique dit :

« Je vais aller dormir. Veux-tu m'accompagner demain matin dans la maison du marais ? Je n'ai pas envie d'y entrer seule avec Sally. Je ne sais pas pourquoi... c'est peut-être idiot mais ça m'impressionne.

— Si tu veux, dit Julien, à quelle heure ?

— Vers dix heures, ça t'irait ?

— Très bien, je serai sur la digue. »

Ils se levèrent et s'embrassèrent sur les joues du bout des lèvres.

« Tu n'as pas pris de voiture, dit Monique, tu veux la mienne ?

— Non merci, tu es gentille mais j'ai envie de rentrer à pied. A demain. »

Il descendit de la véranda par le large escalier de bois, mit les mains dans les poches et traversa le plateau éclairé par la lune blanche. Arrivé en lisière des chênes il se retourna et distingua la silhouette de Monique toujours sur la véranda. Il lui fit un signe de la main, qu'elle lui rendit. Il se retourna et s'enfonça dans le bois. Son cœur battait et il se sentait malheureux de ne pas pouvoir rester avec elle.

« Je suis vraiment le roi des cons ! » se dit-il.

Arrivé au bord du marais il s'assit et alluma une cigarette. Il avait mal à la tête et dans la poitrine : « Je redeviens complètement hypocondriaque. » Un an plus tôt, il était persuadé d'avoir une tumeur au cerveau. Le médecin l'avait

192

envoyé passer un tas d'examens et de radios. En attendant le résultat, il s'était enfoui deux jours au fond de son lit, écrivant et récrivant dans sa tête la lettre qu'il allait devoir envoyer à Monique lorsque le verdict — forcément fatal — serait tombé. Il s'était à peu près persuadé qu'il allait mourir mais il rageait de ne pas être pour autant capable d'analyser sa vie sous les rayons horizontaux du couchant que l'on dit dessiner si bien d'ordinaire les choses essentielles d'une existence. Tout se mélangeait en un flot épais. Il essaya de se prouver qu'il était devenu ainsi après ses trois romans et ses deux scénarios qui avaient bien marché, depuis qu'il n'était plus seulement journaliste. Il dut renoncer car c'était faux. Il se rappelait, lorsqu'au milieu des années quarante il jouait à la guerre avec ses copains, combien il adorait être celui qui vient de prendre une balle dans le ventre. Il savait agoniser comme personne d'autre... Et plus tard il lui était arrivé de jouer à ce jeu tout seul, n'importe où : en classe, à la récréation, dans le train. Il ne bougeait pas mais il se voyait, sur écran large, avec une balle dans le ventre...

Même au moment de sa « tumeur au cerveau » il ne parvenait pas à avoir ce que les gens appellent « une vision réaliste de la vie ».

Lorsque le verdict — tout va très bien — était tombé, Julien avait repris le cours normal de son existence, et la vision floue de sa propre vie, sans se sentir marqué par cette expérience de l'angoisse. Il avait tenté d'expliquer tout cela à deux ou trois amis, qui n'avaient rien compris. Expérience horrible, humiliante... Seul, à ce moment-là, Antoine avait su l'assister, l'aider, le retaper. Antoine avait sauté dans le premier avion pour Paris. Il était entré dans l'appartement comme un grand courant d'air tonique. Julien l'avait mal accueilli.

« Si tu viens pour m'engueuler, tu peux repartir. »

Antoine lui avait souri; il avait tiré le fauteuil près du lit et tapoté l'épaule de Julien avec une douceur inattendue.

« Je viens seulement pour être avec toi le temps qu'il faudra; ou , si tu préfères, le temps que tu voudras. »

Antoine resta huit jours pendant lesquels ils ne se quittèrent pas. Ils parlèrent de tout, de rien, longtemps. Ils allèrent déjeuner ou dîner à n'importe quelle heure dans les brasseries : « On a l'air de deux vieilles tantes », avait dit Julien. « Penses-tu, avait répondu Antoine. On n'a pas le physique. » Parfois, pendant plusieurs heures, ils ne disaient rien.

Un matin Julien, apaisé, lui dit :

« Ça y est ! Ça va maintenant. Tu peux redescendre à Rochecourbe si tu veux. »

Antoine avait aussitôt fait sa valise. Simplement au moment de partir, il avait dit à Julien :

« Garde-toi. N'hésite pas à m'appeler si ça ne va pas. Il ne nous reste pas tellement de temps... »

Julien l'avait regardé disparaître en bas dans la rue. Il avait toujours son pas long, sa démarche un peu déhanchée. Antoine laissait un grand vide. Julien se rappela ce qu'il lui avait dit le matin :

« Ton problème c'est que si tu ne manques pas de suite dans les sentiments, tu manques de suite dans les idées. Et la vérité c'est que tu devrais faire le ménage plus souvent chez toi que dans ta tête. C'est plus sain, plus distrayant et plus utile. »

Julien se dit alors qu'il devrait prendre un congé sans solde d'un an et changer d'air. Se lancer peut-être vers les grands espaces. Voyager pour une fois sans but... dans le Nord canadien peut-être, pour se laver la tête, s'aérer. Il n'en fit rien. Sa carrière de grand reporter lui avait fait prendre les voyages en horreur. Le seul fait de monter dans un avion lui suggérait qu'il allait devoir débarquer dans un pays impossible, en pleine confusion politique ou en guerre. Qu'il allait falloir discuter avec l'armée, ou les rebelles, passer des frontières en catastrophe, négocier, discuter, encore, encore... trouver le contact, trouver un téléphone, un télex... le seul fait d'y penser lui donnait la nausée. Il n'aimait plus que les grandes villes et les petites campagnes. Il n'aimait plus voyager que dans les livres et les films. L'amour lui semblait être l'affaire la plus complexe et en tout cas la plus friable du monde. Il aurait aimé que l'amitié vraie, claire, s'installe lorsque s'éteignent les feux de la passion. Mais même ça... Avec Monique par exemple... Avait-il envie d'être ami avec Monique ? Il l'aurait juré hier encore et puis maintenant qu'il venait de la revoir... La rupture pourtant avait été si facile. Il était tellement persuadé que Mme Scheer-Cazals n'avait plus rien à voir avec Monique. Il en était certain. Et même en cet instant. Et pourtant...

Il se leva, jeta sa cigarette dans l'eau et reprit

sa route vers le village. Il n'avait pas très chaud au cœur.

*

Aussitôt après le divorce, Antoine était parti pour New York auprès de Monique. Il avait prévenu Julien.

« Est-ce que tu crois que j'ai une chance ? » avait demandé Antoine.

Julien, sans aucun effort de détachement, avait répondu de façon clinique :

« Franchement non ! En tout cas, tu devrais attendre un peu.

— Je ne peux pas. Pourquoi es-tu sûr que je vais me ramasser ? Je l'aime moi... elle le sentira !

— Et alors ? Tu agites ton amour comme un médicament devant un malade. Monique a sûrement besoin de quelque chose mais pas de ton médicament.

— Qu'est-ce que tu en sais ?

— Je le sais.

— Elle a besoin de quoi ?

— Ça, je n'en sais rien. Si je le savais, nous serions toujours ensemble.

— Elle a besoin d'un type solide, d'un type sûr ! Voilà de quoi elle a besoin. Pas d'un sauteur. Toi, tu es une poignée d'eau.

— Te fais pas plus con que tu ne l'es...

— Tu as passé ton temps à vadrouiller, à picoler... »

Julien pour une fois s'était fâché.

« Ne parle pas de ce que tu ignores. Tu ne sais rien, tu ne sais même pas ce que c'est que boire.

Je n'étais pas fier de moi quand je buvais, mais je ne suis pas plus fier d'avoir arrêté. Tu ne sais même pas que l'alcool devient bon après le troisième verre, qu'il n'y a que les premiers pas qui coûtent... Tu ne sais même pas ce que c'est que de passer la barre de la première ivresse. Pour ça comme pour le reste! Toi, tu es allé partout mais tu n'es jamais allé profond... sauf en Algérie. D'accord. Mais ça, c'était ta crise, mon vieux! Tu ne sais faire que de grosses poussées de fièvre. Le reste du temps...

— Qu'est-ce que tu en sais! avait demandé Antoine. Je te regarde, je t'écoute... Je crois finalement que tu es assez con, si tu veux savoir le fond de ma pensée. Il te manque un morceau...

— Calme-toi, avait fait Antoine. Je te rappellerai en rentrant de New York. »

Trois semaines plus tard Antoine l'avait appelé.

« Tu avais raison. Je me suis planté.

— Comment est-elle?

— Sublime. Sublime et un peu déglinguée. Tu l'as déglinguée, mon salaud, bel et bien!

— La vie oui, pas moi! Je ne suis pas assez prétentieux pour penser que je peux déglinguer quelqu'un. Y'a que toi pour raisonner comme ça! Alors? Tu lui as fait ton numéro du grand brave homme, du chic type et tout ça...

— Oui.

— Tu as eu tort... Tu aurais dû tout lâcher. Je veux dire pour Holden...

— Peut-être oui.

— Tu le feras un jour?

— Non.

— Tu en es sûr?

— Certain. Je me demande pourquoi on se parle encore. Je me demande comment tout ça est arrivé. On était de chics types dans le temps, non ?

— Mais toi, tu l'es toujours ! C'est presque ta raison sociale. Profession : « Chic type ». Arrête de pleurnicher...

— Bon... bon... bon... ! Tu vois le seul truc qui m'intéresse c'est, si je meurs avant toi, ce que tu feras, ce que tu diras après...

— Tu laisseras des trucs ? je veux dire des consignes ?

— Non ! Peut-être... je ne sais pas. Je n'y ai jamais pensé. Je m'en fous.

— Il faudrait que tu y penses...

— On verra. Pour le moment je n'en ai pas envie. Soigne-toi en attendant.

— C'est ça. »

Ils s'étaient séparés en blaguant, les nerfs à vif.

*

Sally qui courait sur la digue loin devant ses parents s'arrêta net lorsqu'elle vit Rémy dont la tête brune émergeait des roseaux.

Il l'observait avec attention : elle se sentit gênée quelques secondes car elle avait gambadé en liberté, disant des mots sans suite, poussant de petits cris idiots, tirant la langue, faisant en somme tout ce que l'on aime faire lorsqu'on est certain d'être seul. Prête à la défensive, elle scruta le visage de Rémy pour y lire de l'ironie ou l'étonnement, mais elle ne vit rien d'autre qu'une attention dénuée de toute charge affective.

« Bonjour! dit-elle, je ne savais pas qu'il y avait quelqu'un. »

Ça avait l'air d'une excuse. Elle s'en voulut mais il était trop tard.

« Je viens souvent là, dit Rémy, j'habite à côté.

— Quel âge tu as?

— Dix ans, presque dix ans.

— Comment tu t'appelles?

— Rémy. Et toi?

— Sally. Moi j'ai *déjà* dix ans...

— Tu es en vacances?

— Oui.

— Tu viens d'où? »

Elle tapota ses cheveux d'un geste coquet de la main gauche.

« De New York. C'est en Amérique. Très loin...

— Je le sais bien que c'est en Amérique! » fit Rémy en regardant l'eau.

Il sentait que Sally voulait prendre le dessus mais il n'était pas décidé à se laisser faire. Bras tendu il balaya le paysage :

« Tout ça, tout le marais, c'est mon père qui s'en occupe. Et moi aussi. Tu as déjà vu des tritons?

— Non, fit Sally, qu'est-ce que c'est?

— Et des couleuvres d'eau? » ajouta Rémy triomphant.

Elle hocha la tête pour dire non.

« Y'en a plein ici, fit Rémy, et des grosses!

— J'aime pas les serpents, dit Sally.

— Les vipères, je dis pas. Mais les couleuvres, c'est pas méchant ni rien pour nous. Ça bouffe les œufs et les petits oiseaux, d'accord, mais nous, ça nous mord pas.

« — Moi, dit Sally, j'ai déjà vu des cobras, c'est des serpents très dangereux. Extrêmement dangereux même ! »

Rémy ne releva pas.

« Les couleuvres, dit-il, ça pond des œufs, les vipères ça porte les petits dans le ventre. Ça leur sort du ventre comme des vers. J'ai déjà vu ça...

— Ah ? fit Sally, saisie.

— Ouais ! dit Rémy, c'est comme ça ! »

Et il cracha dans l'eau, sans bouger.

Sally se tut, s'assit près de lui dans la poussière, prit une feuille et commença à en arracher la chair entre les nervures. Elle était furieuse. Julien et Monique arrivèrent à leur tour. Rémy se leva et se frotta les fesses pour faire tomber la poussière de son short bleu.

« Bonjour, dit Julien, ne te dérange pas.

— Bonjour, répondit Rémy.

— Je suis Julien Cazals, cette dame c'est Monique Scheer, nous étions des amis d'Antoine. Quand nous avions ton âge on habitait ici. »

Rémy les regardait à contre-jour, les paupières plissées.

« Je sais, dit-il. M. Antoine m'avait parlé de vous. Je suis Rémy... Mon père s'occupe du marais. J'habite à côté. »

Il s'avança vers eux la main tendue.

« J'ai l'habitude d'être ici, ajouta-t-il, je disais à la petite de pas s'inquiéter pour les couleuvres.

— Je m'inquiète pas du tout ! » fit Sally en se levant.

Elle avait horreur que ce gamin l'appelle « la petite ».

Rémy fit comme s'il ne l'avait pas entendue.

200

« Elle me dit qu'elle a vu des cobras et tout ça. Ici y'a pas de cobras. Y'a plein de couleuvres, c'est tout. Y'a des vipères plus loin mais elles viennent jamais ici. Les vipères c'est pas du bétail qui voyage beaucoup.

— Qu'est-ce que c'est, du « bétail? » demanda Sally à sa mère en anglais.

— Des animaux, répondit Monique en français sans cesser de regarder le jeune garçon.

— Qu'est-ce qu'elle a dit? demanda Rémy à Monique comme s'il était exclu qu'il puisse directement adresser la parole à Sally.

— Elle me demandait ce que le mot « bétail » voulait dire, répondit Monique.

— Ah? fit Rémy... elle savait pas...

— Non mais! s'écria Sally, moi aussi je connais des mots qu'il sait pas. Moi d'abord je parle le français et l'anglais! »

Elle était absolument furieuse.

« Sally, s'il te plaît! dit Monique à voix presque basse, ne commence pas.

— Je commence pas, dit Sally, c'est lui qui se moque. »

Rémy dirigea vers elle un regard neutre puis interrogatif vers Monique et Julien comme s'il les prenait à témoin de l'agression non motivée qu'il venait de subir.

Julien trouva sur le coup ce gamin tout à fait drôle et dit :

« Ecoutez tous les deux, il fait trop chaud pour se bagarrer, soyez gentils.

— Mon père m'a raconté que maintenant le marais et la maison sont à vous, dit Rémy à Monique, c'est vrai?

— Oui.

— Ah ! fit Rémy.

— Mais tu sais, ça ne changera rien pour toi, fit Monique, ça sera comme avant, c'est toujours ton papa qui s'occupera de tout... Je le verrai pour ça. »

L'enfant fixait la pointe de ses tennis.

« Tu étais très ami avec Antoine ? » demanda Julien.

Rémy hocha la tête sans répondre.

« Très ? insista Julien.

— Très, oui, fit Rémy en levant les yeux. Jamais personne n'a été aussi gentil avec moi. Dans le village tout le monde l'aimait, vous avez qu'à demander. Mais avec moi c'était encore mieux qu'avec tous les autres. Vous pouvez dire qu'il m'aimait... et que moi aussi je l'aimais... ça...

— Moi aussi, fit Sally, il m'aimait, il m'avait acheté une terrible...

— Tais-toi, Sally ! » la coupa Monique.

Sally baissa la tête et bouda franchement.

« Tu l'avais vu longtemps avant qu'il... avant sa mort ? demanda Julien.

— Non pas ! s'écria Rémy. La veille on avait passé tout l'après-midi ensemble. Ici, et à la poste et dans la grotte.

— Dans la grotte ? demanda Monique.

— Parfaitement. Même qu'il m'a fait tout visiter, tout expliqué...

— Tout quoi ?

— Tout... pendant la guerre comment vous aviez fait... pendant l'été. »

Il tendit le bras et demanda : c'est là-haut, vous sauriez la retrouver ?

« Je ne sais pas, dit Monique en regardant la forêt. Je crois, je crois que oui. »

Ils se turent un moment.

« Vous allez voir la maison ? demanda Rémy.

— Oui.

— Vous avez de la chance.

— Pourquoi ?

— Parce que personne n'y est entré depuis qu'elle est finie, sauf M. Antoine.

— On nous l'a dit, fit Julien. Il y allait toujours seul.

— A moi il m'avait promis, dit Rémy.

— Promis quoi ? demanda Monique agacée.

— De me la faire voir. Moi, j'ai une grotte que personne ne connaît, personne. J'avais promis à M. Antoine de l'y amener ; en échange, il devait me faire visiter la maison. Il m'avait même dit : « demain ». Je me rappelle bien : demain. Peut-être qu'il voulait pas me la faire voir... il devait déjà savoir qu'il allait se tuer... Peut-être qu'il disait ça juste pour me faire croire...

— Mais non, dit Julien, il le pensait. Il ne savait pas qu'il allait se tuer... il aura eu trop mal d'un seul coup... et puis...

— Je l'ai vu avoir mal, le coupa Rémy, ça l'a pris dans la deux-chevaux, il voulait pas que j'en parle. A personne. Pour avoir mal le pauvre vous pouvez dire qu'il avait mal. C'était terrible à voir... on aurait dit qu'il allait mourir. Il devenait blanc ! blanc...

— Entrons, s'il te plaît », dit Monique à Julien.

Il la regarda. Elle était pâle et ses yeux brillaient. Il mit la clef dans le verrou, qui glissa en silence, et poussa la porte.

Sally entra la première suivie de Monique. Julien hésita sur le seuil, regardant Rémy qui se tenait quelques mètres derrière eux, sur la digue, en plein soleil. Il avait l'air si désespéré que Julien souffla à Monique :

« Et le gosse ?

— Il me porte sur les nerfs, dit Monique à voix basse.

— S'il te plaît, reprit Julien, il en crève d'envie, c'est un gosse...

— Comme tu voudras, mais dis-lui qu'il se taise. »

Julien se tourna vers Rémy et, agitant la main, lui fit signe d'approcher. Rémy courut vers lui. Lorsqu'il arriva, Julien posa son index sur ses lèvres et dit très bas :

« Chut ! tu regardes mais tu ne parles pas. »

Rémy fit oui de la tête.

Il fallait descendre six marches pour atteindre la première pièce, d'environ cinquante mètres carrés. Elle était ronde, entièrement chaulée. Contre un mur une grande console électronique commandait six baffles énormes disséminés de manière à concentrer le son sur un canapé de cuir. Le sol de tommettes était presque entièrement recouvert de tapis. A l'exception de la console, des baffles et du canapé, il n'y avait pas de meubles dans la pièce.

Sur le mur trois baies vitrées s'ouvraient au ras du marais de telle sorte que le soleil ne pouvait les frapper que quelques minutes dans la journée au levant ou au couchant.

« Qu'est-ce que c'est ? demanda Monique à Julien.

— Je sais, fit Rémy, c'est... »

Monique agacée le fixa sévèrement. Julien serra l'épaule du gamin pour lui faire comprendre qu'il devait se taire et le garda contre lui. Il comprenait son envie de tout expliquer et son chagrin ; tout en parlant il lui caressait ses cheveux drus.

« Dans le marais il y a de très nombreux micros qu'Antoine avait fait installer et en les ouvrant tu reçois ici tous les bruits. Les chants des oiseaux mais aussi tous les autres bruits, je veux dire le vent dans les roseaux, les sauts des poissons ou des grenouilles... Il ne t'a jamais expliqué sa maison ?

— Il m'a dit qu'elle existait mais il ne m'a jamais donné de détails.

— C'est étonnant, dit Julien, il m'en parlait souvent... écouter les oiseaux c'était devenu sa passion depuis... je ne sais pas, depuis une dizaine d'années.

— Il ne m'avait jamais parlé de ça, fit Monique.

— A moi non plus, dit Sally, un peu pincée. On peut entendre ? Tu saurais faire marcher ce machin, papa ?

— Ça ne doit pas être compliqué, dit Julien. Tu veux que j'essaie ? demanda-t-il à Monique.

— Oui.

— Asseyez-vous dans le canapé, c'est sûrement là qu'il faut se mettre. »

Ils s'assirent tous les trois et attendirent.

Julien lisait un papier plastifié accroché à une manette.

« C'est le mode d'emploi. Laissez-moi quelques secondes. »

Ils ne parlaient pas, le regardant tripoter les boutons. Des voyants vert et rouge s'allumèrent.

« Voilà », dit Julien.

Il appuya sur un bouton noir et un déluge sonore s'engouffra en hurlant dans la pièce. Si énorme, si atroce dans les aigus, si déchirant dans des trilles devenus cris déments, qu'ils sursautèrent tous.

« Baisse ! Baisse ! » hurla Monique.

Julien coupa le son. Il était lui aussi stupéfait.

Jamais il n'aurait pu imaginer que les chants mêlés des oiseaux puissent, gonflés par l'électronique, devenir ces hurlements effrayants, cet asile de fous... Ils étaient tous secoués.

« Quelle horreur ! dit Monique.

— Le plus fort, dit Julien, c'est que je n'ai pas mis le son à fond. Il faut le mettre beaucoup plus bas et ne faire marcher qu'un ou deux micros à la fois. J'essaie ?

— Si tu veux, dit Monique, mais fais attention. C'était atroce ! Ça m'a fait sauter les nerfs. »

Julien tripota bouton et manette et dit :

« Voilà, je vais brancher le micro qui est près des saules de l'autre côté. »

Il appuya de nouveau sur le bouton noir et on entendit alors, limpide, une chansonnette simple aux tonalités mélancoliques avec une note finale longuement soutenue : « Tsi-Tsi-Tsi-Tsi-Tsiiiiiith ! »

« C'est beau ! dit Sally, qu'est-ce que c'est ?

— C'est un bruant, dit Rémy, c'est gros comme un moineau avec une tête et un ventre jaunes. »

Aussitôt on entendit un chant beaucoup plus

sonore, rauque, avec des strophes nettement détachées : « Karra-Karra-Karra, Kit-Kit-Dorre-Dorre-Dorre ».

Sally interrogea Rémy du regard.

« Ça, dit Rémy, c'est une rousserolle, c'est gros comme un merle, c'est marron, presque rouge, tu vois ! Je t'en ferai voir. Y'en a plein les roseaux.

— Tu connais tous les oiseaux ?

— Oui, c'est facile ! Y'en a peut-être une vingtaine de différents, pas tellement plus. Ça t'intéresse ?

— Oui.

— Tu voudras que je te les fasse voir ?

— Oui. »

Pendant ce temps-là, Monique s'était levée pour aller pousser la porte derrière le canapé. Elle s'ouvrait sur un petit couloir. Il y avait des toilettes, une salle de bain verte, une petite cuisine et un très grand bureau avec un divan. Tout était en ordre. Beaucoup de livres dans la bibliothèque.

Les enfants suivaient, la tête en avant au bout de leur cou tendu.

« Bon ! dit Monique, vous avez vu ? Maintenant allez nous attendre dehors au soleil, vous serez mieux qu'ici. »

Lorsqu'ils furent sortis, Monique dit à Julien :

« Ce bureau me gêne... il doit y avoir, je ne sais pas moi, des papiers, des photos, des choses... Dans la lettre que m'a donnée le notaire, Antoine me dit à peu près : je veux que ce soit toi et uniquement toi qui t'occupes de tout ce qu'il y a dans la maison. Tous les papiers sont sans grande importance, tu verras. Garde-les ou brûle-les mais je te demande de ne laisser à personne d'autre le soin de le faire. A personne même pas à ma mère. C'était mon seul endroit personnel.

— Dans ce cas, dit Julien, ne sois pas gênée. Fais ce qu'il voulait.

— Je le ferai, dit Monique, mais tout cela a l'air tellement intime. Ça te plaît à toi l'idée qu'après ta mort quelqu'un puisse fouiller dans tes paperasses ?

— Franchement, dit Julien, je m'en fous ! »

Elle le regarda et dit :

« Evidemment... »

Julien fit comme s'il n'avait pas remarqué le ton désagréable et dit, montrant le réfrigérateur :

« J'ai soif, pas toi ? On pourrait prendre quelque chose, non ? »

Monique hésita et dit :

« Pourquoi pas ! »

Julien servit deux jus de fruits qu'ils allèrent boire assis dans le canapé de la grande salle aux baffles.

« Ces oiseaux tout à l'heure... j'ai trouvé ça horrible !

— Je dois dire, convint Julien.

— Même le chant d'un seul amplifié comme ça, détaché du reste... je n'aime pas ça, ça me fait un drôle d'effet. Pas toi ?

— Si.

— C'est bizarre quand même de venir s'enfermer là pour écouter cet enfer. Je n'aurais jamais imaginé que des chants d'oiseaux puissent provoquer ça... Qu'est-ce qu'il avait dans la tête Antoine quand il venait là ?

— Ecoute, Monique, tu le connaissais, quand même !

208

— Moins bien que toi... qu'est-ce que tu veux dire ?

— Rien. Mais Antoine n'était pas un type aussi simple qu'il voulait bien le laisser paraître. C'est tout.

— Je m'en suis rendu compte lorsqu'il est venu à New York, dit Monique en réfléchissant. Avant, pour moi, il était... enfin j'avais le souvenir d'un type carré, bien dans sa peau. A New York... j'ai trouvé un autre Antoine. Très... très égaré... si tu veux.

— Ça ne devait pas être facile pour lui. Il t'aimait...

— Je ne sais pas.

— Mais si !

— Je ne sais pas, Julien. J'ai eu l'impression qu'il venait me chercher, comment te dire... c'est difficile...

— Regarde-moi un peu, dit Julien en souriant... mais tu rougis !

— C'est vrai, dit Monique, mais ce n'est pas pour ce que tu crois. Tu ne penses qu'à ces trucs-là. Non je voulais dire que... si je rougis c'est parce que ça a l'air très « analyste », très prétentieux... j'ai eu l'impression qu'Antoine voulait vivre avec moi, non pas parce que tout simplement il m'aimait, mais plutôt pour retrouver son propre passé, ses propres souvenirs d'enfance, nos souvenirs si tu préfères, je veux dire retrouver peut-être le temps où on était... purs. Je peux dire ce mot ? Purs ?

— Sûrement, dit Julien. Mais moi aussi j'ai cherché ça à un moment donné.

« — Mais pourquoi, Seigneur? Qu'est-ce que vous avez fait de votre vie?

— Qu'est-ce que la vie a fait de nous, tu veux dire? rectifia Julien.

— Arrête! j'ai déjà lu ça quelque part!

— Moi aussi! convint Julien.

— Je t'en prie! je voudrais te faire une confidence. Je peux? »

Julien posa son verre, hocha la tête et regarda Monique.

« Avant de revenir en France, Antoine m'a dit qu'il y avait toujours eu méprise à votre propos dans l'esprit des gens. Que le brave type c'était toi et pas lui.

— Il a dit ça?

— Oui. Et qu'il avait à son passif trois saloperies qui l'empêchaient de dormir. Deux ici et une en Algérie. Je lui ai fait remarquer qu'il en avait dit trop ou pas assez. Il m'a dit : tant pis je n'avouerai jamais. Si je meurs avant Julien, demande à Julien de te les raconter, il en sait deux. La troisième... vous trouverez tout seuls. »

Julien eut l'air soudain accablé. Il tira une lettre de sa poche et la tendit à Monique. Elle reconnut l'écriture d'Antoine et lut :

« Mon cher Julien, trop dur à supporter. Terminus. Bien content au fond, la vie commençait à me peser. Pour tous les autres, laisse-moi peint aux couleurs que je porte. Mais je veux que Monique sache exactement comment j'ai été. Tout, je dis bien *tout* ce que j'ai fait. J'ai le sentiment que nous ne pouvons pas tous les trois nous comporter comme les gens ordinaires se comportent entre eux. Non pas que nous soyons extraordinaires mais notre histoire de l'été 44, elle, l'a été. Elle aurait dû faire de nous des gens épatants. Nous nous sommes un peu perdus en route. Moi surtout. Je sors du jeu, liquidez-moi et repartez du bon pied. Tu vas me manquer. Adios. Antoine. »

Monique rendit la lettre à Julien qui la remit dans sa poche, l'œil vague. Puis il passa sa main sur son visage.

« Tout ça ne tient pas, dit-il en colère. Il n'avait plus sa tête, il souffrait, il tournait dingue... c'est une lettre idiote, tu le vois bien... le ton est faux.

— Ne te défile pas une fois de plus, dit Monique froidement.

— Mais tu ne crois pas une seule seconde que je vais te dire « du mal » d'Antoine, non ? »

Monique saisit la main de Julien, la serra dans les siennes et murmura avec gentillesse :

« Il n'en est pas question, Julien ! Mais les choses sont lancées, je *veux* savoir ! J'en ai le droit. Il n'y a pas que toi dans la vie. Il y avait Antoine, il y a moi.

— Quelle connerie ! fit Julien l'air las. Puis il se ressaisit et sourit.

— Mais non, je ne vois rien de tel là-dedans, dit Monique. Ecoute, Julien : l'Algérie par exemple, même longtemps après, tu as toujours refusé de m'en parler. Je t'ai questionné dix fois, vingt fois... Tu faisais comme maintenant, tu allumais une cigarette et tu parlais d'autre chose avec ton sourire « charmant ». Ce que tu as pu me rendre malade avec ton sourire charmant !

Julien souffla de la fumée par le nez et dit d'un ton sérieux :

« C'est facile de dire ça aujourd'hui. Essaie de te remettre une seconde dans le moment. Il y avait deux personnes : une délicieuse personne que j'aimais — c'est toi — avec le passé que nous avions ensemble et tout ça, mais une personne devenue entre-temps une très merveilleuse et très intelligente juive new-yorkaise libérale à l'esprit redoutablement pointu et analytique, avec un cerveau de mercure, capable soi-disant de foutre à plat en trois secondes les situations les plus tordues et les plus fortes passions. Et puis une autre personne — moi, devenu au contraire tout à fait incapable de m'exprimer sur un sujet qu'à l'époque je ne pouvais que ressasser à perte de nuits. Alors ? Bilan ? A ma gauche une femme cadrée par une vie sociale réussie, admirablement rapide, et bien dans sa peau, quelqu'un de terrifiant en somme. A ma droite un type fait de bric et de broc, journaliste débutant sortant d'un an de merde, marqué à la fois par l'abrutissement et la peur, la mort, la torture, l'amibiase et l'incapacité provisoire de trier dans ce sac de nœuds... Il n'y a décidément que les gens *très* intelligents, comme toi, pour ne pas comprendre que quelqu'un puisse cesser de l'être pendant un long moment.

— Mais je... »

Il la coupa.

« Tu veux parler ? Parlons. Et je dois te dire, Monique : tu as beaucoup ajouté à ma panique personnelle. Parce que, sachant que tu étais, toi, non seulement intelligente mais... sensuelle ? sensitive ? Choisis ! Je croyais que tu serais parmi ceux qui éviteraient de poser ces questions-là. Et ça, tu ne l'as pas fait ! Tu as été merveilleuse par moments, atroce à d'autres... »

Elle leva la main, il continua.

« Attends ! Laisse-moi finir ! Je sais que tu n'es pas du genre à être tiède. Je sais que tu as été épatante. Mais à ce moment-là ce n'est pas quelqu'un d'épatant dont j'avais besoin, c'était... en fait je ne sais pas trop de quoi j'avais besoin...

— Moi si ! dit Monique agressive à son tour en mordillant l'ongle de son auriculaire, je le sais. Tu avais besoin d'un édredon. Et tu n'as pas arrêté de chercher des édredons, de trouver des édredons et de baiser des édredons, mon petit Julien. Ça, à la rigueur, j'aurais pu le comprendre, mais admets que tu ne m'as pas beaucoup aidée. Si tu avais vécu ça comme une crise, j'aurais probablement pu en faire autant. Mais ce n'était pas le cas. A l'extérieur tu donnais l'image d'un délicieux et talentueux jeune homme de compagnie, fait pour la légèreté et la nuit. A la maison tu m'offrais le visage pâle du voyageur fourbu, accablé d'angoisse, de responsabilités et de travail. Un tyran domestique assez sinistre et terriblement emmerdeur. »

Elle sourit et demanda :

« Vrai ou faux ? »

Il sourit à son tour et dit :

« Vrai. Probablement vrai. Mais tu avais les moyens de changer ça. De me changer...

— Peut-être mais je n'ai pas su ou pas pu. Tu vois, je suis sûrement moins intelligente que tu ne le crois. Je t'aimais, moi. Simplement, comme une conne.

— Comme une conne ! fit Julien, là, tu te vantes ! C'est là le malheur. A l'époque tu aurais été un peu conne, il ne nous serait rien arrivé de mauvais. Nous serions heureux. Moi, par moments, je suis con. Toi, jamais ! C'est fatigant pour les autres. »

Elle sourit, franchement cette fois, se leva, passa avec amitié la main dans les cheveux de Julien, s'approcha d'une baie et regarda le marais. Puis elle se retourna. Il n'avait pas bougé, il la regardait avec des yeux assombris par la tendresse. Cela lui fit plaisir. Elle devina ce que serait la conclusion de leurs propos. Elle ne fit rien pour s'y dérober, ne cessant pourtant pas de l'appréhender mais sans savoir au juste à quoi elle s'exposait ; elle craignait que l'espèce de plaisir qu'elle allait prendre ne lui fût compté cher.

« L'Algérie ? Voilà. Nous étions dans un sale coin, dit Julien en la regardant. Un coin vraiment pourri avec un commandant qui faisait du zèle alors que personne ne le lui demandait.

« Au début, Antoine et moi on était plutôt planqués. Le commandant nous connaissait comme rugbymen et nous avait flanqués à l'intendance. On tenait le magasin où se trouvaient les armes, les uniformes et tout ça. Ça a duré deux mois. De l'Algérie on connaissait les trente mille mètres carrés du camp et les cadavres d'Arabes que de temps en temps ramenaient les commandos et c'était tout. On attendait que ça se passe. Un jour, ils ont collé dans le camp quelques mecs de l'action psychologique et ils leur ont donné un coin. C'était tout près du magasin où Antoine et moi on se tenait tout le temps. A partir du sixième jour, ça a commencé : chaque nuit c'étaient des cris, des hurlements. Ils torturaient. Enfin ils les passaient à l'électricité. Comme partout. Antoine s'est alors complètement renfermé. Il ne parlait plus, il ne bougeait plus...

— Et toi ? » demanda Monique.

Julien hésita et dit :

« Moi... Moi je crois que je ne changeais pas. Dès le début, j'étais persuadé que la guerre d'Algérie était une saloperie totale dans laquelle d'un côté comme de l'autre tous les coups étaient permis. J'étais devenu tout de suite conscient du fait que la guerre avait deux étages : celui du débat d'idées, l'étage des Nations unies, des journaux, du droit, des intellos, etc, et celui du quotidien où l'on s'égorgeait, l'étage où, dans les deux camps, la saloperie était la règle, l'autre règle étant de ne pas se faire prendre. Ni par l'ennemi ni par d'éventuelles commissions d'enquête.

— Tu avais compris tout cela aussi clairement que tu le dis maintenant ?

— Oui. Je te jure que oui.

— Et Antoine ?

— Pas du tout. Il est sorti de son silence pour me dire que nous étions deux ordures de rester planqués. Qu'il fallait qu'on aille mettre le nez dehors. Il a essayé de me convaincre. Une nuit entière. Je n'ai pas marché. Le lendemain, il demandait sa mutation pour entrer dans l'un des commandos. Le commandant l'a engueulé mais a fini par accepter. Il ne pouvait pas faire autrement. Moi j'ai tenu huit jours. Huit jours pendant lesquels Antoine n'est jamais venu me voir.

« Le neuvième jour j'ai demandé, moi aussi, ma mutation. On s'est retrouvés ensemble. Quand il m'a vu arriver, je me rappelle bien — il m'a juste dit : " J'ai failli attendre ! " Comme ça ! C'était idiot. Moi j'ai failli essayer de me faire planquer de nouveau tellement je trouvais sa réflexion niaise.

« Trois mois de commando ! J'ai touché le fond ; surtout le fond de la peur, je l'avoue. Puis le fond de la saloperie ! Parfois, bien sûr, on s'est battus à la régulière. Pas souvent. Aucun des deux camps ne marchait à la régulière. On ne marchait que sur renseignements. Ce n'est pas nous qui les obtenions, nous avions seulement une idée de la manière dont ils étaient obtenus. Déjà Antoine et moi on ne se parlait presque plus. Il faut dire que personne ne parlait beaucoup. Lui, il était comme détaché. Il prenait des risques fous. Je l'ai vu descendre seul en rappel dans des puits asséchés au fond desquels il y avait neuf chances sur dix que se terrent des fellaghas. Je l'ai vu dans des engagements se porter en tête en plein terrain découvert... C'est à ce moment-là qu'il m'a sauvé la peau.

— Mais... fit Monique interloquée, vous n'avez jamais parlé de ça !

— Jamais, non. Mais puisque Antoine veut que je dise tout... Un soir, dans une embuscade, j'ai eu peur à un moment donné de traverser une éclaircie tant qu'il était encore temps. Je me suis retrouvé isolé. Les fellaghas s'en sont aperçus ! Ils se sont concentrés sur moi, bien décidés à me faire la peau. J'étais archifoutu.

« Antoine, encore une fois, a pris des risques fous pour venir me dégager. Complètement fous.

— Tu aurais fait ça pour lui ? » demanda Monique.

Il haussa les épaules.

« C'est des choses qu'on dit comme ça quand on ne sait pas. Mais moi je me suis souvent demandé si j'aurais eu le courage de faire ça pour lui.

— Et alors ?

— Alors, dit-il en la regardant en face, je n'en suis pas sûr du tout.

— Devoir la vie à quelqu'un... dit Monique, ça change tout !

— Tout quoi ?

— Vis-à-vis de lui.

— Je n'en sais rien. Tout ç'a c'est des mots. Il faut voir les images, la réalité, ce que c'était sur le terrain.

— Et alors ?

— Ma vie elle-même ce n'est pas l'essentiel. L'essentiel c'est qu'Antoine ait eu le cœur de faire ça.

— L'aurait-il fait pour quelqu'un d'autre ? »

Julien réfléchit et dit :

« Non, je ne crois pas.

— Bon sang ! fit Monique. Vous êtes compliqués, vous avez toujours été deux chiens maigres. Par moments, vous vous détestiez, mais vous vous adoriez.

— Oui. On ne se passait pas l'un de l'autre.

— Vous êtes complètement différents.

— On était aussi complètement ensemble...

— Depuis quand, au fond ? Exactement ? »

Julien sourit :

« Facile : à partir du jour ou tu es arrivée à Rochecourbe. »

Monique lui lança un coup d'œil comme si elle croyait qu'il jouait. Elle vit qu'il ne jouait pas. Troublée, elle demanda :

« Tu crois qu'en Algérie il était devenu suicidaire ? »

Julien sourit encore :

« C'est drôle que tu me demandes ça parce qu'un soir je lui ai posé la question.

— Et alors ? »

Elle était grave et tendue.

« Il m'a dit que j'étais stupide. Que c'était un raisonnement « extérieur ». Il a dit : « On est dans « les choses ou on est en dehors. » C'est tout. Cela dit, je l'ai vu avoir au moins deux fois des attitudes complètement différentes. Et notamment une nuit ou nous avions été encore une fois sérieusement accrochés; on avait eu trois morts et un blessé grave qui gémissait sans cesse et n'en finissait pas de crever. C'était insupportable. Les gars étaient comme des bêtes. Ils ont aligné cinq prisonniers, ils voulaient les fusiller sur place. Antoine s'est interposé, il a réussi à éviter le massacre. Or, trois jours après, il a demandé sa mutation à l'action psychologique. Ils ont accepté.

— Non ? souffla Monique.

— Si ! dit Julien. Il était devenu imprévisible.

— Tu veux dire qu'il a...

— Je ne le rencontrais plus. Un jour j'ai été malade et je suis resté assez longtemps à l'infirmerie. De là, par la fenêtre, je le voyais chaque après-midi. Il avait créé une classe dans le camp et il s'occupait des petits Arabes. Il leur faisait l'école, il leur enseignait la gymnastique, etc. Les enfants l'adoraient, je te le jure. La nuit venue, il passait peut-être leurs pères ou leurs frères ou leurs sœurs à la baignoire ou à la magnéto... »

Il se leva, alluma une autre cigarette et s'approcha d'une baie. Il regardait sans le voir le soleil sur le marais. Le silence dura longtemps.

« Je suis désolé, Monique, dit Julien, je crois que je n'aurais pas dû... »

Elle se tourna vers lui et dit :

« Si ! Si. Il le fallait ! Il l'a voulu.

— Tu lui as parlé pendant cette période ?

— J'ai essayé une fois, il m'a répété ce qu'il m'avait dit, lorsqu'il était dans le commando : on est à « l'intérieur » ou à « l'extérieur ». Rien d'autre. Et il m'a dit : « Ne me juge pas, c'est trop facile. »

— Tu l'avais jugé ?

— Non ! C'était au-delà. Ça me faisait dégueuler rien que d'y penser. Je n'arrivais pas à rassembler dans le même type l'Antoine que je connaissais et celui qui était là maintenant, tu comprends ?

— Je comprends, oui. Il s'était mis à avoir des opinions politiques ?

— Même pas. Il détestait tout en bloc : les militaires, les pieds-noirs, le F.L.N. tout... Du venin. Un venin chimiquement pur.

— Et après la guerre tu as pu renouer avec lui comme si rien ne s'était passé. Et tu as pu te taire si longtemps avec moi ?

— Oui. Entre nous, il y avait quelque chose de fêlé mais c'est vrai que j'ai renoué. Et que la fêlure a disparu, que je l'ai aimé comme avant.

— Pourquoi ?

— J'en sais rien, fit Julien en écartant les bras, probablement parce que je n'ai rien compris à Antoine pendant cette période. C'est parce que je n'ai rien compris que je l'ai revu après. C'était un autre type, comme s'il y avait eu un trou d'un an dans sa vie. Une parenthèse...

— C'est faux ! dit Monique agacée. Tu dis ça parce que ça t'arrange. On est ce qu'on est. En bloc. Il n'y a pas deux faces...

— Si. Tu sais bien que si.

— Non ! cria Monique. Non et Non !

— Pur raisonnement d'intello, Monique. Antoine est aussi le type qui nous a sauvé la vie. Tu n'effaceras jamais ça.

— Il avait dix ans pour ce qui me regarde.

— Et alors ? demanda Julien. Tu triches. Tu sais très bien qu'il était déjà le même. Il n'a jamais eu qu'une morale : l'action. Avec elle, un coup tu tombes dans un camp, un coup dans l'autre. Si aujourd'hui tu peux juger du haut de tes grands chevaux c'est parce que dans ton enfance tu es tombée sur un type comme Antoine, c'est-à-dire, dans ta tête, sur tout ce que tu détestes aujourd'hui. »

Il cria : « Tu dois la vie à quelqu'un que tu détestes en ce moment ! Et c'est pourquoi je te jure que je regrette de t'avoir dit tout ça ! Franchement je n'ai pas d'excuse sauf celle peut-être de t'aimer encore. » Il ajouta plus bas : « Tu vois, on n'est pas plus malin... »

Elle traversa la pièce en trois enjambées et vint tout près de lui.

« Julien... mon Dieu... mais non, tu ne m'aimes

plus. Tu es bouleversé, voilà... Pourquoi faut-il qu'on paie tout si cher... »

Il caressa les boucles de Monique en un geste qu'il avait oublié et dont il s'étonnait qu'il lui fût encore si familier. Il essaya de retrouver un ton moins mélo.

« J'ai bien peur d'avoir encore tout foutu en l'air, j'ai le don... »

Elle murmura :

« Non ! Non, tu as bien fait de parler comme ça, de te laisser un peu aller. Tu aurais dû le faire plus souvent. Tu n'aimes pas être toi-même, tu as tort. Crois-moi.

— Merci pour le compliment, dit-il.

— On devrait peut-être rejoindre les enfants, dit Monique.

— D'accord. »

Avant de sortir, elle se retourna et lui dit :

« Je suis moi aussi très bouleversée de te revoir. Mais tu sais bien que si nous nous laissons aller, dans deux jours nous nous arracherons de nouveau les yeux.

— Sûrement, dit Julien qui avait repris son sang-froid. Sûrement. »

Il n'en pensait pas un mot. Elle non plus...

*

Sally et Rémy étaient à plat ventre dans la menthe sauvage au bout de la digue.

« Ça va ? demanda Monique.

— Très bien, dit Sally — elle semblait maintenant tout à fait en harmonie avec Rémy —, je

221

voudrais pouvoir venir ici avec Rémy ou qu'il vienne jouer à la maison.

— Bien sûr, dit Monique. Pourquoi pas ?

— Il connaît tout du marais, dit Sally.

— Tant mieux, dit Monique. Et ça t'intéresse ?

— Beaucoup, c'est *tout à fait* intéressant. En plus il sait des histoires.

— Quelles histoires ? demanda Monique distraitement.

— Des histoires ! Par exemple l'histoire de l'aigle-renard.

— Ah ? » fit Monique en se maîtrisant.

Elle regarda Rémy, vit qu'il guettait sa réaction et se troubla.

« Mais il me dit que tu la savais toi aussi. C'est vrai ?

— C'est vrai, oui.

— Pourquoi tu ne me l'as jamais racontée ?

— Je ne sais pas, Sally, répondit Monique l'air fatigué. Je l'avais oubliée, c'est tout. »

Ils s'éloignèrent. Monique dit à Julien :

« Ce gosse me gêne... il a... je ne sais pas quoi... je ne sais pas ce qu'il cherche.

— Mais non ! fit Julien en posant amicalement la main sur son épaule. C'est un gosse, c'est tout. Un gosse très gentil. Tu es crevée. Tu as les nerfs en pelote, voilà ce qu'il y a.

— Peut-être bien... »

Puis elle sourit, tourna le visage vers Julien et dit :

« L'aigle-renard ! Mon Dieu ! Tu te rappelles ? J'ai l'impression d'avoir cent ans...

— Moi aussi, dit Julien, mais pas pour les mêmes raisons. Je ne digère pas d'avoir parlé

d'Antoine comme je l'ai fait. Je m'en veux...
C'était un type fantastique.

— Julien ! Tu sais très bien que ce n'est pas
vrai.

— Si, dit-il, fermé ; maintenant je sais que c'est
vrai. »

VI

A DIX heures, le soleil claquait déjà sur les toits roses de Rochecourbe et ricochait sur l'ocre des façades aux volets clos. L'asphalte luisant et ridé qui cédait sous le pied révélait une période de canicule féroce et inhabituellement longue. L'air gerçait les lèvres à force d'être sec. On rêvait de pluie.

Julien traversa le village, la prairie et arriva au marais. Il eut envie de s'allonger à l'ombre et de fumer, tranquille, une cigarette. Mais il vit Rémy assis là-bas, tout seul sur la diguette, jambes ballantes au-dessus de l'eau. Alors il alla vers lui et s'assit à côté dans la même attitude.

« Bonjour, dit le petit garçon, vous avez bien dormi ?

— Très bien et toi ?

— Moi aussi. Je dors toujours bien.

— Je ne pensais pas te voir là, je croyais que tu étais en train de jouer chez Sally.

— Elles sont pas là, dit Rémy, elles sont parties en voiture en ville faire des courses.

— Tu n'as pas eu envie d'aller avec elles ?

— Si.

— Et alors ?

— Alors la mère de Sally a pas voulu.

— Pourquoi ?

— Pourquoi ? Parce qu'elle m'aime pas, pardi !

— Mais si...

— Mais non ! Si je vous le dis ! Hier elle m'a dit que j'étais toujours dans ses jambes. »

Julien vit que Rémy avait du chagrin, il en fut ému.

« Tu sais, dit-il, elle est fatiguée en ce moment.

— J'y suis pour rien moi ! Mais je m'en fiche. J'ai pas besoin d'aller dans sa maison ni rien, j'ai toute la place que je veux moi... »

Et d'un geste il désigna le marais.

Julien lui mit le bras sur les épaules.

« Sally va être triste si tu vas plus la voir.

— Elle a qu'à venir ici si elle veut qu'on s'amuse.

— Tu lui feras voir l'aigle-renard ? » demanda Julien pour changer de sujet et le distraire de sa tristesse.

Rémy se tourna vers lui et le regarda un moment comme s'il réfléchissait à une décision à prendre. Julien fut surpris par ce regard.

« Ça vous intéresse toujours l'aigle-renard ? demanda Rémy.

— Et comment ! Ça fait longtemps pourtant. J'avais ton âge et tu vois je suis presque un vieux. Mais j'y pense souvent.

— M. Antoine l'aimait beaucoup, il m'en parlait des fois, c'était notre truc entre nous.

— Ah ? fit Julien.

« — Il m'a souvent raconté quand vous étiez enfants, tout ça...

— Oui, dit Julien, c'est des souvenirs. »

Rémy tourna la tête, regarda l'eau entre ses pieds et dit :

« Mme Scheer... enfin... votre ancienne femme, l'aigle-renard, elle, elle s'en fout !

— Mais non ! c'est elle qui avait inventé l'histoire, alors...

— Peut-être qu'elle a inventé l'histoire, mais maintenant elle s'en fout.

— Qu'est-ce que tu en sais ?

— Hier après-midi, je lui ai demandé de me raconter l'histoire, enfin tout entière, quoi ! Elle m'a dit qu'elle s'en rappelait plus, que c'était des bêtises d'enfants et rien d'autre.

— Là elle a tort, admit Julien, parce que c'était une belle histoire. Elle avait le chic pour inventer de belles histoires.

— Vous en savez d'autres, vous ?

— Quoi ?

— Vous en savez d'autres histoires dans le même genre ?

— Ouais, fit Julien, sûrement ; laisse-moi réfléchir deux secondes. »

Rémy l'observait, béant d'attention.

« Oui, il y en a une qui me revient, c'est l'histoire de Tarzan et de ses animaux pendant la guerre avec les Allemands... »

Julien parla longtemps. Ce gosse l'enchantait ; aucune invraisemblance grave ne le dérangeait, il n'était pointilleux que sur les détails. Il avait le don du rêve.

Au bout d'une heure, Julien se tut.

« Vous racontez vachement bien les histoires, dit Rémy.

— C'est vrai?

— Ouais. Aussi bien que M. Antoine. Même peut-être encore mieux. Lui, il allait toujours un peu trop vite. »

Julien lui frotta amicalement la tête.

« Ça me fait plaisir. C'est vrai que j'aime les histoires. »

Puis il fit une grimace, fit semblant d'avoir du mal à avaler et dit :

« Mais ça m'a donné soif.

— Y'a une source pas loin, dit Rémy, vous voulez que je vous la fasse voir?

— La Font-Bouillant?

— Ouais c'est vrai que vous la connaissez. On y va? c'est juste à côté.

— D'accord. »

Ils se levèrent, se mirent en marche. Au bout de quelques mètres, Julien sentit la main de Rémy qui se glissait dans la sienne. Il la serra et la garda.

La Font-Bouillant était une nappe d'eau limpide à demi envahie de cresson. Au fond le sable presque blanc était sans cesse agité par la source. Rémy but dans ses mains et Julien directement en posant la bouche sur la surface.

« Vous buvez comme les vaches, constata Rémy.

— Oui, fit Julien. Comme ça c'est meilleur, tu sens mieux le goût. Essaie. »

Rémy essaya, mais il avala de travers et s'étrangla un peu et toussa en riant.

« Vous voulez faire de la barque ? demanda-t-il lorsqu'il eut repris son souffle.

— Il y en a toujours une ?

— Oui. Elle est cachée dans les roseaux, venez. »

C'était une grande barque à fond plat, à demi immergée.

« Il va falloir drôlement écoper, dit Julien.

— Tirez-la un peu contre le bord si vous avez la force, ça en videra beaucoup, je ferai le reste. »

Julien eut du mal à tirer la barque sur un mètre. Son cœur cognait fort lorsqu'il s'arrêta.

« Vous êtes moins costaud que M. Antoine, remarqua Rémy. Lui, mon vieux, il aurait pu la tirer pleine d'eau jusqu'au village...

— Je sais, dit Julien. Antoine, c'est pas difficile, c'est le type le plus fort que j'aie vu. Et des types j'en ai vu...

— Ça m'étonne pas, dit Rémy. Il était plus costaud que n'importe qui et il était aussi le plus gentil. Pas fier ni rien. Ça alors on pouvait le dire !

— Tu as raison. C'était mon meilleur ami. Des fois on s'est engueulés, on n'était pas toujours d'accord mais maintenant je sais que j'aurai plus jamais un ami comme lui.

— Pourquoi vous vous engueuliez ? demanda Rémy tout en écopant l'eau avec une large pelle en bois à manche court.

— Oh ! tu sais... je sais même plus. On a vécu si longtemps l'un avec l'autre que forcément, des fois, on s'attrapait. Je ne sais même plus pourquoi. Ce que je sais c'est que ça n'avait pas d'importance. Je veux dire que je sais aujourd'hui que ça n'avait *aucune* importance. Tu me comprends ?

— Oui.

— Quand tu auras un ami, quand tu seras sûr que c'est un vrai ami, ce que j'appelle un vrai, ne t'engueule jamais avec lui. Si tu n'es pas d'accord avec lui, tu la fermes; tu la fermes et tu attends que ça passe. On peut tout perdre et tout retrouver sauf un ami. Passe-moi la pelle, je vais finir d'écoper. »

Il remplaça l'enfant, qui s'assit sur la berge et le regarda faire.

« Pourquoi tu mets tant d'eau dans la barque?

— Il faut, répondit Rémy. Quand les grosses chaleurs commencent, le bois travaille tellement, si on la laisse au sec c'est plus une barque, c'est une passoire.

— A ce point?

— Je pense bien.

— Je me rappelle pas qu'on y mettait autant d'eau, nous. Remarque, c'était surtout Antoine qui s'en occupait. »

Lorsque la barque fut vide ils s'installèrent dedans. Julien à l'avant et Rémy à l'arrière tenant la rame.

Il dirigeait avec sûreté sans faire le moindre bruit. La barque filait entre les roseaux.

« Où on va? demanda Rémy.

— Tu me fais faire un tour et après on va à l'ombre sous les saules. D'accord?

— D'accord.

— Tu rames joliment bien.

— J'ai l'habitude. C'est M. Antoine qui m'a appris. Des fois, la nuit, on allait braconner sur la rivière. Même dans le courant je sais tenir la barque. C'est pas une question de force. »

Ils firent lentement le tour du marais.

Julien écoutait Rémy raconter ses pêches mira-
culeuses de la nuit. Il connaissait ça par cœur. Il
se rappelait leurs retours nocturnes avec des
kilos et des kilos de truites, de barbeaux, de perches et de brochets qui bondissaient avec des
bruits mouillés dans le fond de la barque. Leurs
casse-croûte au retour à une heure du matin... Et
leurs baignades de l'après-midi, les libellules sur
l'eau tiède, les guêpes qui tournaient autour des
tartines du goûter, les pêches aux écrevisses, les
déjeuners sur l'herbe, la tache blanche des nappes sous les saules. Etait-ce le bonheur ? Le bonheur...

Ils accostèrent et s'étendirent à l'ombre. La
chaleur était telle que même les cigales se tai-
saient là-haut dans la chêneraie.

Au bout d'un moment, Rémy, qui n'en pouvait
plus d'attendre, lâcha :

« Je voudrais vous dire quelque chose de
secret. »

Et d'un seul coup Rémy raconta ce que lui avait
dit Antoine lorsqu'il lui avait donné le petit
sachet.

Julien évitait de se tourner vers l'enfant. L'œil
plissé il regardait l'eau scintillante et essayait de
ne laisser voir que son attention, pas son émotion.

« Alors, dit Rémy en sortant le sachet de sa
poche, je crois que M. Antoine se disait que
Mme Scheer serait plus gentille avec moi. Et
même qu'il en était sûr. Je sais pas ce que c'est, je
vous jure que j'ai pas regardé ni rien. Je préfère
vous le donner à vous. Vous saurez mieux ce qu'il

faut faire. Moi je sais pas. » Et il tendit le sachet à Julien qui eut un choc au cœur. Il revit Monique, dans la grotte, détacher le sachet de son cou...

Julien le prit, le regarda et le posa dans l'herbe entre ses jambes. Comme il ne disait rien, Rémy s'inquiéta.

« J'avais promis mais je savais pas quoi faire... Vous étiez tellement amis que j'ai pensé que vous sauriez faire ce qu'il faut, vous... moi je sais pas... j'ai peur que ce soit important... si c'est pas important... »

Julien lui caressa les cheveux.

« Tu as raison. Antoine était sûr que Monique serait très gentille. Il n'avait pas prévu qu'elle serait fatiguée et tout ça. C'est un truc à elle.

— Alors j'ai bien fait ?

— Tu as bien fait. Je le lui donnerai ce soir ou plutôt demain. Si tu veux, je peux lui dire qu'Antoine me l'avait donné à moi il y a un moment.

— J'aimerais mieux, dit Rémy, on fera comme si je l'avais jamais vu ni rien. Comme si j'étais pas au courant.

— D'accord. On n'en parle plus jamais sauf que je t'offrirai ce qu'Antoine avait promis que Monique te donnerait.

— Non, dit Rémy. Je veux rien. Je suis drôlement content d'en être débarrassé, je vous jure. » Et il demanda : « C'est quoi ? Ça vaut beaucoup de sous ?

— Non, répondit Julien, je crois que c'est des souvenirs, des petits trucs, des vieilles histoires... ça n'a de valeur que pour Monique, tu comprends ? »

Il réfléchit un moment. Puis il se rendit compte que Rémy l'observait, alors il se leva et demanda :

« Tu sais pêcher au lancer ?

— Oui. Ça serait malheureux !

— Tu as une canne ?

— Non. Mon père en a une, il veut pas que j'y touche. C'est M. Antoine qui m'a appris ; des fois il me prêtait la sienne.

— Bon ! dit Julien en regardant sa montre. Suis-moi. On va prendre ma voiture, on va en ville et nom de Dieu ! je t'offre la canne que tu veux !

— C'est trop cher ! dit l'enfant fou de joie.

— Mais non ! Et puis ça ne te regarde pas. Si j'ai envie de t'offrir une canne à lancer, personne ne peut m'en empêcher.

— Mon père va m'engueuler.

— Je lui parlerai à ton père, t'en fais pas.

— Il m'engueulera quand même.

— Non. J'ai une idée mais tu ne diras rien, ça nous fera deux secrets : je lui dirai qu'Antoine dans sa dernière lettre m'a chargé de le remplacer pour te l'offrir. Qu'est-ce que tu veux qu'il dise ton père ? Les dernières volontés d'un mort, mon vieux, ça ne se discute pas.

— Ça, dit Rémy admiratif, c'est sûr ! Il pourra rien dire.

— Bon ! Allons-y ! Magnons-nous. »

Main dans la main, ils partirent en trottinant vers Rochecourbe. Ils riaient aux éclats en traversant la prairie.

Julien verrouilla la porte de sa chambre, dénoua le fil d'aluminium et renversa le sachet sur son lit.

Tombèrent trois bagues : deux émeraudes superbes, un saphir et un ruisseau de petits diamants bleus... Il les contempla puis très vite les remit dans le sachet qu'il fourra dans sa poche.

Son visage était inexpressif.

Il s'assit sur le lit et demanda un numéro de téléphone. En l'attendant il garda le récepteur contre l'oreille.

« Monique ? C'est moi. C'est toujours d'accord pour le déjeuner avec Béatrice demain ?

— ...

— D'accord, je passerai te chercher vers midi et demi.

— ...

— Non, tu es gentille, mais je crois que j'ai fait l'idiot, j'ai dû rester trop longtemps au soleil. Je vais prendre deux aspirines et je me couche tôt.

— ...

— Entendu. A demain... Moi aussi. »

Il raccrocha, s'allongea sur le lit et regarda le plafond. Immobile comme s'il avait été sa propre statue.

*

Béatrice but sa tasse de café sans s'interrompre, à petites gorgées, alluma une Marlboro et dit :

« Voilà. Rien d'autre. Je crois qu'il fallait que je m'explique une bonne fois. Nous ne nous reverrons sans doute jamais, ce n'était pas la peine de laisser de malentendus entre nous. Il m'avait dit de vous parler. Mon propos n'était ni de salir ni d'attaquer Antoine.

— Heureusement! souffla Julien, sinon qu'est-ce que ça aurait été? »

Il serrait les mâchoires, tendu, plein d'une colère blanche qu'aucune des deux femmes n'avait remarquée jusqu'alors.

« Si vous avez cette impression c'est que je me suis mal exprimée ou que je me suis mal fait comprendre, dit Béatrice. C'est lui qui m'avait demandé, au cas où il aurait un accident, de vous dire « froidement » — c'est son mot — qui il était.

— C'est vrai, murmura Monique, effondrée, c'est sûrement vrai, Julien! Il t'a écrit la même chose...

— Ah! fit Béatrice.

— Ah! quoi? » cria Julien.

Dans le restaurant plusieurs personnes tournèrent la tête vers lui. Il reprit plus bas à l'intention de Monique, comme si Béatrice n'existait pas...

« Je viens de tout piger d'un seul coup! Mais tu ne comprends pas, Monique? Tu vois bien que c'est un coup tordu. Qu'Antoine pour une raison que j'ignore veut se salir, veut être enterré deux fois? Tu vois pas que c'est évident?

— Mais l'Algérie, c'est vrai c'est toi qui l'as vécu. La vie qu'il a faite à Béatrice c'est vrai... quelle horreur!

— Ecoute, dit Julien en essayant de retrouver

son calme : ce qui s'est passé en Algérie c'est un truc qui, peut-être, peut arriver dans une vie, la vie qu'il a fait mener à Béatrice, elle l'a cherchée.

— Comment ! souffla Béatrice, suffoquée.

— Ecoutez, Béatrice, répliqua Julien, puisqu'on déballe, déballons. Lorsque Antoine vous a rencontrée vous étiez... disons que vous étiez call-girl à Paris. Vrai ou faux ? »

Elle blêmit sous le pastel soyeux des fards.

« Il vous a dit ça...

— Non. C'est un confrère à moi qui me l'a dit. Il vous a reconnue un jour où Antoine et vous étiez allés me chercher au journal.

— Et alors ? intervint Monique. Qu'est-ce que ça prouve sinon que tu es un mufle ? »

Elle sortait de son abattement et à son tour se mettait en colère en prenant d'instinct la défense d'une femme.

« Ça ne prouve rien et je serais le dernier des ânes si je jouais les bégueules. Mais là où je ne suis pas d'accord, c'est que Béatrice n'a pas eu le cran de le dire tout de suite à Antoine.

— En quoi ça nous regarde, toi et moi ? demanda Monique.

— Ah ! si, ça nous regarde. On est en train de dresser le portrait en pied d'un salaud et je ne suis pas d'accord. Parce que Béatrice s'est bien gardée de dire à Antoine quoi que ce soit avant qu'il soit bien accroché à elle. Et surtout pas que, pour retrouver sa liberté, elle avait besoin de quarante briques cash. Parce que Béatrice était... était, disons, taxée.

— Mais c'est faux ! Si, il le savait, je vous le jure ! se défendit Béatrice en regardant Monique.

Rien ne l'obligeait à le faire lorsque je lui ai expliqué... Rien !

— Rien, en effet. Sauf qu'il vous aimait. Comme un fou ! Que vous aviez pris le temps de bien l'enrober de salive avant de l'avaler, hop ! tout cru. Pour vous il aurait traversé un mur...

— Mais je l'aimais moi aussi et...

— Si vous l'aviez aimé, la coupa durement Julien en martelant ses mots, vous ne lui auriez pas pris cet argent parce qu'en vérité vous n'étiez pas taxée. »

Béatrice blêmit.

« Mais si !

— Mais non ! Ça m'intéressait. J'ai demandé à des copains flics de se mettre sur le coup. Ils en rigolent encore. Vous avez menti à Antoine ! »

Béatrice ferma un instant les yeux. Lorsqu'elle les ouvrit de nouveau ils étaient pleins de larmes. Elle saisit son sac, rangea son briquet et ses cigarettes et se leva. Elle posa ses deux mains sur la table. Ignorant Julien, elle dit à Monique :

« Je m'en vais. Je vous demande de me croire, j'ai dit la vérité. J'étais taxée. Je ne sais pas pourquoi votre mari ment. Antoine a agi de A à Z en parfaite connaissance de cause. Je devais cet argent. Je n'étais pas une call-girl, madame, j'étais simplement une putain ordinaire. Taxée, c'est vrai. Il m'aimait et au début moi aussi. C'était idiot mais c'était comme ça. C'est après que tout est mal allé. Lorsque j'ai compris qu'Antoine n'était pas... enfin normal. C'était un malheureux et un sadique depuis qu'il était devenu impuissant. Pendant des années, il a été le si brave garçon que vous connaissiez tous mais qui finalement n'existait plus. » Elle baissa encore la voix : « Je ne sais pas pourquoi votre mari ment. Ni pourquoi il veut à tout prix défendre Antoine. S'il ne m'avait pas salie, je n'aurais rien ajouté, mais avant de partir je veux vous dire ceci, écoutez-moi bien : vous aviez un sac de bijoux lorsque vous étiez enfants. C'est Antoine qui vous l'a volé. Écoutez bien encore : votre ami Holden ne s'est pas noyé, c'est Antoine qui l'a tué. Il me l'a dit un soir. Il m'a tout expliqué, très calme. Antoine était très dangereux, c'est pourquoi je n'ai jamais osé partir... »

Elle tourna le dos, traversa le restaurant et disparut dans le jardin.

Monique était tellement assommée qu'elle restait, là, inerte, l'œil vague. Puis elle dit :

« Fais vite et rejoins-moi à la voiture. Je ne peux pas rester ici une seconde de plus. »

Elle se leva et sortit.

Julien appela un garçon, paya et retrouva Monique assise dans la voiture, tassée dans son coin contre la portière.

« Julien. Je veux savoir la vérité. Tout de suite ! »

Julien parla longtemps. Lorsqu'il eut fini Monique lui dit :

« Ramène-moi à la maison. »

Ils roulèrent sans échanger un seul mot. Lorsqu'ils arrivèrent devant la maison, Sally et Rémy, qui jouaient dans le pré, galopèrent vers eux. Avant qu'ils arrivent Monique dit à Julien à mi-voix :

« Sois gentil, reviens en fin d'après-midi, laisse-moi un moment. Je veux te croire mais j'ai besoin de faire le point. Béatrice m'a troublée. Beaucoup. Si ce n'était pas toi qui jurais le contraire... Je n'arrive pas à croire qu'elle a autant menti. Il y a chez elle quelque chose... pardonne-moi. Je suis très troublée.

— Pourquoi je défendrais Antoine? murmura Julien. Il n'a pas toujours été très chic avec moi, après tout.

— Je ne sais pas, fit Monique, je ne sais plus. Je ne comprends plus. Reviens vers cinq ou six heures boire un verre. »

Elle descendit de voiture. Il fit demi-tour et repartit.

Arrivé dans sa chambre, il fouilla dans sa trousse de toilette, sortit le sachet aux diamants, le posa sur la table de nuit et s'allongea sur le lit.

Alors, dans l'été finissant de cette vie s'avança un enfant timide et fier. Il le regarda et lui demanda ce qu'il avait fait de lui depuis qu'il était mort.

« Je ne sais pas, répondit Julien, c'est à toi de voir.

— Je ne vois rien, répondit l'enfant. Tu n'es plus moi.

— Je n'ai jamais voulu te tuer, dit Julien, ni te trahir. Je te le jure. Mais c'est arrivé comme ça, mine de rien... par petits glissements. Avant, quand j'étais toi je me jetais vers les choses, maintenant je ne fais qu'y aller. Et encore il faut que je me force...

— Tant pis, dit l'enfant, peut-être que c'est pas possible de faire autrement...

— Tu ne peux pas m'aider?

— Oh! non. Moi qui ne suis qu'un enfant, je me

sens fatigué et très vieux. Je n'ai plus envie que
d'une seule chose : revenir dormir dans ma
tombe. Ne me dérange plus, qu'est-ce que tu veux
qu'on se dise maintenant? Laisse plutôt remonter
tes souvenirs. Sans tricher. Tu vas voir comme ça
devient clair... »

*

... Un soir au journal, le téléphone de Julien
sonne. C'est Moreau. « Salut, Marcel, tu vas? —
Ouais, j'ai tes renseignements sur la dame. —
Alors? — J'aime pas parler au téléphone, tu sais
bien. Y'a que les journalistes et les hommes
d'Etat qui sont assez cons pour parler au téléphone. — Si tu veux je suis au tabac en bas dans
vingt minutes. D'accord? — D'accord mais tu
charries, c'est quand même pas un secret d'Etat,
non? — Y'a pas de petits secrets, y'a que de grosses indiscrétions! A tout de suite. »

Vingt minutes après, Moreau est au bistrot
devant un demi. C'est un flic à blouson de daim,
visage mince et cheveux mi-longs. A force de ne
pas faire flic, il fait très flic, se dit Julien. Ils se
serrent la main. Julien commande un demi.
Quand la serveuse s'en va il demande :

« Alors?

— Alors? c'est pas n'importe qui. La Béatrice
en question c'est son vrai prénom, sur le tapin
elle s'appelle Sandra, c'est la première monte de
Parlucci, il la lâchera pas comme ça. Ça va coûter
un fier paquet au type qui veut l'embarquer.
Disons autour de quarante bâtons.

— Non! fait Julien qui vacille sous le chiffre.

— Qu'est-ce que tu crois? répond Moreau, elle ramasse un blé terrible. T'as pas idée!

— D'où elle vient?

— Rien d'extraordinaire. Au départ une zonarde des hachloumes de Grenoble, vol à la tire, à la roulotte, tribunal, éducation surveillée, fugue à Marseille, piquée, reéducation surveillée, refuge, tapin de parkings, petits macs, maisons de la vallée du Rhône — amis routiers bonsoir! — Marseille, puis rencontre avec Parlucci et à nous deux Paris! Un parcours tout ce qu'il y a de classique.

— Quel genre?... enfin je veux dire dans sa tête.

— Rien de spécial. Peinarde. T'es comme tous les caves, toi! Ça te passionne de savoir ce qu'il y a dans la tête des putes. Je vais te dire: rien. Enfin rien de mieux ni de pire que ce qu'il y a dans la tête de quatre-vingt-dix pour cent de la population. Voilà, chef! Rapport terminé, chef! A part ça, elle est belle comme tout. Bon! et j'ai pas que ça à faire. La situation est claire. Mais dis bien au mec qui est intéressé par la dame qu'il doit raquer sinon il court aux emmerdes. S'il raque il entendra plus jamais parler de Parlucci. Parlucci c'est du sérieux, c'est pas le genre imbécile qui fait chanter ou qui vient à la relance. Il est cher mais il est correct. En revanche, il faut pas que le mec cherche à finasser. D'ailleurs je vais te dire: tant que la môme Sandra n'aura pas le feu vert de son hareng elle ne lèvera pas un cil. Même si c'était le pape en personne qui lui offrait la botte. T'as tout compris?

— Oui, dit Julien en souriant.

240

— Alors salut, dit Moreau. N'oublie pas que tu as le droit de m'inviter à déjeuner un de ces jours, même si tu n'as pas de service à me demander.

— Je te rappelle », dit Julien.

Il remonte, songeur, au journal. Il réfléchit un long moment puis décroche son téléphone et compose un numéro de province. « Oui? fait Antoine de l'autre côté du fil. — C'est sans problème, dit Julien. Tu paies et c'est clair. — Merci! dit Antoine. — Y'a vraiment pas de quoi », fait Julien.

Un moment passe. Ils ne raccrochent pas. Ils savent que l'un des deux va parler. C'est Julien : « Tu es sûr, toi? — Tout à fait, répond Antoine. — Je voudrais vraiment que tu sois heureux, merde à la fin! dit Julien. Tu me fais littéralement chier mais tu sais que je t'aime... enfin que c'est comme ça. Par moments, tu me rends enragé. — Toi aussi. J'ai eu mille fois envie de te casser la gueule. Aujourd'hui, ça fait la mille et unième. Te fermer ta petite gueule une bonne fois. — Tu causes... tu causes. — C'est ça! je cause... on se voit quand? — Quand tu voudras. Après la... disons la cérémonie, ça s'appelle comme ça non? — Ouais! fait Antoine. Ça s'appelle comme ça. Maintenant raccroche, tu me donnes des boutons! — Entendu. Salut canaille. »

Et il raccroche.

Il se demande si en cet instant la future Mme Maïllebal est en train de se geler. Il fait froid ce soir dans la contre-allée de l'avenue Foch. Ou bien si elle est déjà au chaud avec un client pas trop pressé de rejoindre sa femme et ses enfants... Quarante briques! se dit Julien. Et Antoine va raquer! Seigneur... il est vraiment fêlé...

*

... C'est un petit matin de décembre sur le marais. Il y a très longtemps. Le ciel est bas, l'eau grise, la terre noire et blanche. Le vent du nord vous coupe le visage en deux. Même à travers les gants épais le canon du fusil colle aux mains. Ce contact rappelle à Julien les récentes nuits algériennes. Il en a marre. Par-dessus la tête, de cette attente imbécile. Pour quoi faire, Seigneur? Tirer des canards sauvages. Ils ont bu beaucoup de vin blanc de Sancerre.

Brusquement, Julien arrive à bout de patience.

« Ils viendront pas vos canards de merde! grogne-t-il.

— Je te dis qu'ils viendront », fait Antoine.

Il est figé. On sent qu'il pourrait ainsi attendre un siècle sans un battement de cils.

Dans son dos, Holden ne bouge pas lui non plus. Il semble pourtant excité comme une puce. Il n'a jamais tiré le canard à l'affût.

Holden est un lointain cousin de Monique. Les familles Scheer et Apelgot sont venues en vacances à Rochecourbe en cet hiver 1964. Un vrai pèlerinage, vingt ans après... grosse affaire... Antoine, Julien et Monique se sont brusquement retrouvés face à face. Que dire de la rencontre? Ils sont stupéfaits... après un aussi long silence, une aussi longue absence... Quelque chose entre eux est resté absolument immobile; pourtant la vie a

242

galopé en vingt ans. Surtout pour Monique. Elle est médecin. Elle est même psychiatre. Et elle se spécialise en psychiatrie infantile. Brillant sujet. Elle peint aussi... pourquoi pas ? Son oncle qui l'a élevée, Jacques, le frère de Marcus, est crucifié d'admiration devant elle. C'est un gros. Pas un « bon gros », un gros de l'espèce austère et méditative. Ça existe... Il veut tout voir, tout savoir, tout comprendre. Il est médecin lui aussi. Chirurgien de l'œil. Gentil mais si grave, si « pénétré »... Il veut tout voir. L'endroit où toutes ces choses se sont passées. Là où ils ont fusillé Marcus, tout le chemin qu'il a fait à pied. Tout. Pas à pas. De A à Z. Pèlerinage, chemin de croix. Et la grotte. Une journée entière. Il veut même y passer la nuit. Revivre... comprendre. Se recueillir.

Antoine et Julien sont à cran. Tendus, comme des arcs. C'est qu'ils ne sont pas de « charmants jeunes gens ». Holden, lui, est un charmant jeune homme. Médecin lui aussi. Des gens bien ; tout à fait nets, intelligents et rapides. En plus ce Holden, une bête : un mètre quatre-vingt-dix, près de cent kilos. Il a joué au basket à haut niveau universitaire. Bien dans sa tête, bien dans sa peau. Chevalier servant, — comme on dit — de Monique depuis qu'elle a divorcé après un mariage éclair apparemment prématuré avec on ne sait trop qui... une silhouette qu'on gomme ! Coup de tête ! « Elle souffre, la pauvre ! explique tonton Jacques. C'est une femme si précieuse, tellement exceptionnelle. Mais tellement impulsive ! »

« Elle aurait pu nous envoyer un faire-part », dit Antoine.

Julien ricane. Tonton écarte les bras ; ces

deux-là ne sont pas très gentils, ni polis, ni tout ça...

Ça fait deux ans qu'ils sont sortis de la guerre d'Algérie. Julien a commencé dans les journaux. Ça marche très fort. Antoine a repris les scieries. Ça marche très bien. Mais c'est la période dure. Ils ont une faim de loup. Ils ont la démarche nerveuse, le poil rêche et le sang en mouvement. On dirait aujourd'hui d'eux qu'ils ne sont pas « cool ». On ne l'était guère en ce temps-là... Ils ne le sont pas, non! Ils ont des impatiences... La vie leur apparaît comme une plage après une interminable traversée du désert. La plage, ils la voient. Avides. Leurs dents raient le sable. Non, pas de méchanceté mais de l'appétit. Les bâtons dans les roues, y'en a marre! Il y en a trop eu. C'est fini. Fini le lycée « une-deux, une-deux », fini le rugby « une-deux, une-deux », fini l'armée « une-deux, une-deux », il s'agit de vivre. Du retard à rattraper!

Une faim! Une soif! Les retrouvailles avec Monique, comme ça en plein galop, ça les a secoués. Les deux bêtes se sont cabrées. Han! Tout le passé leur remonte à la gorge... violemment. Et pendant ce temps-là le « tonton » qui philosophe et Holden qui regarde tout ça du haut de sa splendeur. Gentil au demeurant, mais tellement bien dans sa peau, tellement bel enfant bien nourri, tellement parti pour mener une vie de velours et de soie. Et qui leur explique Monique en plus! Et en détail, le con! Sa psychologie, sa manière d'être, sa finesse, son intelligence, son « exceptionnalité » comme il dit. Encore un peu et c'est lui qui l'a inventée.. Il va la mettre dans son grand sac et l'emporter dans sa grande maison de Long Island et en vacances à Key Biscayne et lui faire une vie pour ainsi dire parfaite. Elle pourra exercer la médecine mais elle pourra peindre aussi. Dans les galeries d'art de New York, il connaît tout le monde, Holden! Schwartz déjà s'intéresse à elle. Attention! pas en copinage! Non! Schwartz y croit. Et en peinture, quand Schwartz a une intuition... A New York, on ne parle pas après Schwartz, on parle d'après Schwartz...

Le drame, peut-être, ce sera pour Monique de choisir plus tard « entre son art et sa science », encore que la psychiatrie infantile soit un art! N'est-ce pas? Antoine et Julien ont envie de vomir en l'écoutant. Encore heureux qu'il ne décrive pas l'enfant qu'il va lui faire lorsqu'ils seront d'accord sur tout...

Un soir, Antoine et Julien sont seuls avec Monique devant la cheminée. Les autres enfin sont allés se coucher.

Antoine et Julien sirotent du whisky sur des glaçons. Elle boit du ginger ale. Le feu crépite. Antoine se lève, le charge encore, les flammes s'élèvent. Avant de se rasseoir il dit à Monique :

« Je te jure qu'on est sacrément contents de te voir mais pour ces quelques jours tu aurais pu laisser ton mec à la maison.

— Ah? fit Monique. C'est ça?

— C'est ça quoi?

— Je pensais qu'on se reverrait autrement. J'ai l'impression que vous me faites la tête.

— Ecoute! C'est comme si on se parlait derrière un hygiaphone. Ton Holden c'est peut-être une merveille mais c'est pas notre tasse de thé. Il parle comme un livre.

— C'est ton avis à toi aussi ? » demande Monique à Julien.

Julien est dans le début de la première ivresse, avec des idées excitantes, moutonnantes comme des vagues, mais pas tellement le goût de les exposer.

« Oui. Je n'en suis pas fou mais si c'est ton truc... Je suis moins sectaire qu'Antoine. »

En disant cela, il s'arrache le cœur et tout ce qui vient avec. Il est amoureux de Monique à n'y pas croire. Tellement chargé d'électricité qu'il tirerait une rame de tramway à lui seul. Alors le moyen de faire autrement que de boire pendant ce temps-là ? Mais sur un clavecin bien tempéré. Blanc sec à l'affût du matin. Sancerre. Champagne en apéritif. Bordeaux à table et whisky dès seize heures. Mais léger... Dit comme ça, on dirait une ruée vers l'alcool, or pas du tout, c'est simplement un entretien de surface comme on prend un médicament pendant une rage de dents : dès qu'on sent que l'effet diminue trop, on recharge doucement la chaudière.

Doucement... doucement...

Antoine lui, souffre comme une bête sans anesthésie. Ça le regarde. Chacun gratte ses boutons comme il peut.

« J'ai lu certains de tes papiers, dit soudain Monique à Julien. J'ai trouvé ça excellent. Tu as vraiment un style à toi. Je veux dire une allure, une dégaine qui t'est tout à fait personnelle. C'est épatant, tu vas aller loin.

— Ah ? » fait Julien étonné.

Il le sait, on lui a déjà dit que ses articles... et puis il le sent bien. D'ailleurs ça ne le rend pas fou de joie. Il assiste à sa propre carrière, à ses propres reportages un peu comme lorsqu'il jouait au rugby : il parvenait à être à la fois dans les tribunes et dans le match. C'est peut-être d'avoir été un homme de haute compétition qui fait qu'il ne tire pas vanité de réussir vite dans le reportage. Même affaire d'œil des deux côtés. Le don. Bien entendu il préfère être ainsi plutôt que de ramer mais il n'en tire, c'est vrai, aucune vanité. Il sait qu'il a trouvé « sa chanson », « sa distance ». Il pense que presque tout le monde en a une mais que presque personne ne la trouve. Il ne sait pas pourquoi mais c'est ainsi. Ce qu'il vient d'entendre, il l'a déjà entendu. Mais dans la bouche de Monique, bien sûr...

« Il s'en fout d'être doué ! dit Antoine.

— Comment ça, il s'en fout ? demande Monique.

— Comme ça. Je te dis qu'il s'en fout et c'est vrai.

— C'est vrai ? » demande Monique à Julien.

Julien joue un peu :

« Oui... enfin non... quand c'est toi qui en parles... c'est différent. »

Antoine lève les yeux au ciel et regarde Julien :

« C'est ça ! fais ta pute. » Puis il enchaîne : « On ne parlait pas de Julien, on parlait de ton ami Holden.

— Eh bien ? »

Antoine rentre dedans :

« Tu l'aimes ?

— Ça alors ! fait Monique soufflée.

— Antoine, s'il te plaît! intervient Julien.

— Toi, je t'en prie! Ma question ne t'intéresse pas peut-être? »

Julien hausse les épaules, boit une gorgée mais il ne baisse pas les yeux. Au contraire il regarde Monique et se rend compte qu'elle le regarde. Il rougit.

Elle répond à Antoine sans cesser de fixer Julien.

« Non. Je ne l'aime pas.

— Tu couches avec? reprend Antoine.

— Antoine! dit Julien sans bouger.

— Ça m'arrive, répond Monique sans cesser de regarder Julien dont le cœur cogne.

— Eh bien, voilà! » dit Antoine.

Il se lève, jette une bûche dans la cheminée, dit « salut » et quitte la pièce.

Ils restent seuls. Monique dort avec Julien cette nuit-là. Elle est restée dans sa chambre lorsque Julien s'est levé pour aller à la chasse aux canards.

Ça s'est passé comme ça...

*

« Moi, dit Julien, je vais boire du café à la cabane. J'en ai marre de me geler le cul. » Ce qu'il appelle « la cabane » est une petite bâtisse en bois et chaume cachée sous les saules, très confortable avec trois lits, un poêle, un réfrigérateur, un bon confort.

« Je viens avec toi », dit Holden.

Julien est étonné. L'Américain avait tellement envie de tirer les canards...

248

« Qu'est-ce qui te prend ? demande Antoine, rugueux, à Holden. C'est surtout pour toi qu'on est là ! Les canards peuvent arriver d'une seconde à l'autre. »

Holden sort des roseaux, rejoint Julien sur le chemin, se retourne vers Antoine et lui dit tout sourire :

« Les canards ? *Fuck them !* »

Là, on s'aperçoit que son sourire est plutôt méchant et son ivresse très agressive. Julien se retourne. Holden est devant lui. Il dit :

« Monique et moi allons nous marier. Nous repartons demain. Tu oublies Monique et c'est bien. » Julien lève la tête pour le regarder dans les yeux.

« Tu es libre et Monique est libre, mon vieux. C'est la vie !

— Monique est très troublée d'être ici, fait Holden. C'est répugnant d'en profiter ! C'est quelqu'un de fragile. Je la connais. Pas toi. Je l'aime, pas toi. Alors je te le répète : laisse tomber, arrête de jouer avec elle.

— Pauvre con ! fait Julien. Mais qu'est-ce que tu crois ?

— Pardon ? » dit Holden.

Julien ouvre la bouche pour répéter « pauvre con » mais le premier mot n'a pas le temps de sortir. Le poing droit de Holden arrive sur sa tempe. Voile noir sur les yeux. Un vrai coup de marteau. Julien lâche son fusil et tombe à genoux. De la main gauche Holden le saisit par le col, le relève comme un enfant et demande à voix sucrée :

« Qu'est-ce que tu allais dire, mon salaud ? »

Julien fait un effort démesuré pour répéter « pauvre con » mais il n'y parvient pas. C'est à peine s'il peut ouvrir les yeux. Il y voit assez cependant pour se rendre compte que Holden fait un demi-tour car Antoine qui entre dans le champ visuel vient de le tirer par la manche. Holden, donc, fait un demi-tour et Antoine le gifle. Il ne le frappe pas, il le gifle.

Holden est livide.

« Excuse-toi ! » dit-il en anglais à Antoine.

Antoine ne répond pas. Un rictus tord un peu sa bouche vers la gauche.

« Faut pas toucher à mon copain, dit-il très bas. J'aime pas qu'on y touche. Tout petit déjà c'était comme ça.

— Excuse-toi », répète Holden. Il s'avance en grondant. « Excuse-toi ou je te tue ! »

Antoine ne répond pas et reste aux aguets avec toujours son rictus. Holden se jette sur lui, Antoine l'évite. Holden feinte du gauche et se jette de nouveau sur Antoine. Cette fois, il l'attrape à bras-le-corps; Antoine lui donne un coup de genou dans le bas-ventre. Holden pare, fait un croc-en-jambe à Antoine, ils tombent tous les deux et Holden entreprend un étranglement de judo. Julien veut crier mais il ne peut toujours ni parler ni bouger. Holden semble avoir le dessus lorsque soudain Antoine pousse un cri. Un vrai cri de furieux comme lorsqu'il chargeait au cœur des mêlées ouvertes. Il se redresse, saisit Holden sous les bras par sa canadienne, le soulève en hurlant — l'autre pourtant pèse bien cent kilos — le décolle de terre et avec un han ! féroce, le jette en arrière. Holden passe par-dessus le chemin, traverse les roseaux comme un sac de plomb et tombe dans l'étang la tête la première. La mince pellicule de glace craque.

Antoine revient vers Julien qui retrouve difficilement son souffle.

« Ça va ? »

Julien ferme les yeux pour dire oui.

Antoine écarte les cheveux de Julien et constate.

« Tu t'es laissé piquer au mauvais endroit, Toto ! T'as plus tes réflexes. Tu devrais moins picoler. »

Julien du menton montre le marais.

Antoine se retourne et crie :

« Alors, Ducon, tu remontes ? »

Puis soudain il lâche Julien, traverse le chemin, dévale le talus. On entend un bruit d'eau. Un corps qu'on traîne. Antoine réapparaît tirant Holden. Il essaie la respiration artificielle, puis des coups sur le cœur. Au bout de cinq minutes, il se redresse, s'essuie machinalement le front et constate froidement.

« Il est mort, mon vieux ! Foudroyé. L'eau glacée, la faute à pas de chance...

— T'es cinglé, fait Julien, pourquoi tu l'as balancé dans l'eau, tu savais bien que... avec ce qu'on a picolé...

— J' sais pas, fait Antoine. Quand je l'ai vu te dérouiller je te jure que j'ai eu envie de le tuer. La vérité c'est que je l'ai tué ! »

C'était de nouveau la nuit sur la véranda. Il faisait doux.

« Non, dit Julien à Monique, Antoine n'a pas tué Holden, ça s'est passé exactement comme on l'a dit à l'époque. On l'a vu tomber à l'eau alors qu'on sortait de la cabane, Antoine et moi. Un malaise ou quoi, j'en sais rien. Le froid l'a saisi ou je ne sais quoi... on avait beaucoup trop picolé pour un petit matin. Tu me crois ? »

Monique hocha la tête.

« Ça va mieux, dit-elle. Cet après-midi je ne savais plus rien. C'était l'horreur. Béatrice m'a beaucoup troublée parce que ce qu'elle disait recoupait ce que racontait Antoine, tu sais... « J'ai fait quelques saloperies... » Pourquoi voulait-il se noircir ?

— Je n'en sais rien, Julien. Ou plutôt si : le côté ombre de son caractère, plus la déprime, la maladie... il souffrait énormément. Et ce que j'ai dit à table était vrai aussi : elle a piqué de l'argent à Antoine. »

Il avait le visage fermé. Il se servit de nouveau à boire.

« Ça va mieux, répéta Monique. Mais avec toi — je veux dire avec Antoine et toi —, on ne savait jamais. Je n'ai jamais su si vous vous aimiez ou si vous vous haïssiez. Vous n'en saviez probablement rien vous-mêmes. Je ne comprends rien à ces sentiments-là... à votre violence.

— Demande à l'index s'il aime l'annulaire. C'est la même question.

— Un peu facile, Julien, non ?

— Non, Monique, dit-il avec un sourire amer. Et entre les deux il y a le majeur. Le majeur c'était toi. Tout ça vivait ensemble. Un jour on nous a amputé le majeur... et puis il a repoussé... et puis... Il n'existe pas de cure de désintoxication sentimentale. Tu le sais bien.

— Arrête de boire, Julien, dit Monique, l'air plus fourbue qu'agacée, tu es un peu soûl.

— C'est vrai, reconnut-il. Excuse-moi. Mais j'en ai besoin.

— Pour quoi faire, Seigneur ? Ecoute, Julien, après je n'en parlerai plus : je suis rassurée pour Antoine. Tant mieux qu'il n'ait pas été ce que disait Béatrice. Mais au fond de moi-même je suis sûre qu'il n'a pas été un bon génie. Ni pour toi, ni pour moi. C'était une sorte de loup, tu en étais un aussi. Vous aviez tellement faim que vous avez tout bouffé. Y compris vos propres tripes. C'est fini, Julien... Il serait temps que la paix vienne. Est-ce qu'on ne pourrait pas essayer enfin, essayer de vivre en paix tous les deux, Julien, toi et moi. Tu ne crois pas ? »

Elle se tourna vers lui, ses yeux assombris luisaient dans son visage fatigué, ouvert et doux. A l'arrondi de la pommette sa peau très blanche se fondait dans la lumière de la lampe et ses cheveux noirs étaient parcourus de rapides frissons.

Julien eut comme un sanglot dans l'arrière-gorge, et le sentiment très fort qu'il venait de vivre en écoutant Monique une dernière seconde. Mais l'ombre d'Antoine était là... Il lui fallait aller au bout.

« Tu ne crois pas ? répéta Monique.

— Non, dit-il, je ne crois pas !

— Pourquoi, Julien ? Si tu voulais...

— Pour ça ! » la coupa-t-il.

Et d'un geste rond il posa sur la table basse le petit sachet en peau de chamois.

Elle n'eut pas un mot. Pas un geste. Elle resta là, les yeux à l'expression tout à coup fixe, pupilles ouvertes au plus grand. Puis, lentement, son visage s'affaissa.

« J'ai toujours cru que c'était Antoine, dit-elle en fixant le sachet.

— Non ! Béatrice a menti sur toute la ligne. C'était moi !

— Si longtemps ! dit-elle d'une petite voix. Tu as pu me mentir si longtemps... »

Il se leva.

« Je repars pour Paris demain, dit-il, invente n'importe quoi pour Sally... J'ai besoin de dormir. Je prendrai le train du soir... »

Au moment de descendre l'escalier, il la regarda une dernière fois. Elle était grise de désespoir : deux larmes coulaient rectilignes sur ses joues.

En marchant vers l'hôtel il se demanda s'il avait fait ce qu'il fallait faire. Il se dit que oui. Il simplifiait les choses mais trop de choses difficiles de la vie l'avaient rendu simple ; il savait que chez lui, toujours, l'insignifiant menacerait l'essentiel.

La besace aux chagrins s'était accrue d'un poids bien amer... Mais le moyen de faire autrement ? Il restait la mémoire, les souvenirs, il restait la nuit, les nuits où le temps se distend, s'ouvre et se ralentit. Le temps qu'il lui restait à vivre était surtout cela : des heures à tirer et à étirer.

Il entendait vaguement chuchoter la nature. Un nuage fila, dégagea la lune et ce fut le silence. Un silence d'autrefois, comme un reflux immense qui l'emportait.

Arrivé dans sa chambre il regarda par la fenêtre. Entre les berges escarpées des toits coulait un ciel blêmissant.

Sa vie lui apparut comme une seule et longue année.

DU MÊME AUTEUR

NE PLEURE PAS, *roman*, Grasset, 1976.
Grand Prix des Maisons de la Presse.
(Film réalisé par Jacques Ertaud.)
LA VITESSE DU VENT, *roman*, Julliard, 1977.
(Film réalisé par Patrick Jamain.)
MARIE EN PLEIN SOLEIL, *roman*, Julliard, 1978.
LES HÉROÏQUES, *nouvelles*, Julliard, 1980. Prix Cazes.
Prix Goncourt de la nouvelle.
(Film réalisé par Joël Santoni.)
LA RAISON DES FOUS, *roman*, Grasset, 1980.
(Film en cours d'adaptation.)
LES CARNASSIERS, *roman*, Grasset, 1981.

Composition réalisée en ordinateur par IOTA

IMPRIMÉ EN FRANCE PAR BRODARD ET TAUPIN
58, rue Jean Bleuzen - Vanves - Usine de La Flèche.
LIBRAIRIE GÉNÉRALE FRANÇAISE - 14, rue de l'Ancienne-Comédie - Paris.

ISBN : 2 - 253 - 03551 - 3   30/5987/0